樊新强 编著

"龙门书院·上海中学"书系

囿教录

——学情视野下的名篇细读

上海教育出版社
SHANGHAI EDUCATIONAL
PUBLISHING HOUSE

建构世界一流创新型、研究型学校

（总 序）

　　上海市上海中学的前身是创始于 1865 年的龙门书院。150 多年来，学校秉承"储人才，备国家之用"的办学宗旨，坚守"自强不息、思变创新、乐育菁英"的龙门之魂，为国家的发展与民族的振兴培育了一批又一批英才。

　　上海中学一贯注重"在传承中发展、在发展中谋划"的思路，力推世界一流的创新型、研究型高级中学的建设，不断深化国际视野下不同领域拔尖创新人才的早期培育之内涵，持续为师生营造研究氛围、搭建创新平台，力求在基础教育领域的探索与引领方面继续发挥上海中学应有的作用。将这些思考与做法作为办学与文化的积累，就形成了本套"龙门书院·上海中学"书系。

　　立足于创新型国家的建设，我们将"研究型、创新型学校"理解为：以培养具有国际视野、本土情怀的拔尖人才的早期培育为基础，倡导独立思考敢于质疑的精神，构建师生感兴趣的良好研究领域，鼓励创新，包容失败；以学校独具特色的、可选择的课程体系建设为载体，集聚起大量高层次教学与科研能力的创新型师资,同时利用社会资源,做好高校、科研院所等与基础教育阶段的学校在研究与创新方面的有机衔接,不断释放师生的研究激情与创新活力。

从建构"研究型、创新型学校"实践活动的内涵来看,重在搭建一个核心平台——"培养具有国际视野、本土情怀的拔尖创新人才的早期培育实验";追逐两个发展关键点——"研究型"与"创新型"。

所谓"研究型",是指学校要以"研究氛围的营造"为契入点,要求教师在自己的专业领域不断提高、对教育教学保有持续的研究动力,学校为教师的可持续发展建立进修与交流的个性化培养机制,并适时地把研究的脚印记录下来;要求学生借助于项目实施与课题研究的完整经历,体会科学研究的乐趣,刺激破解未知的好奇,初步培养并达成科研的能力。为此,学校提供了内容丰富、覆盖面广的课程体系,供学生自由选择与钻研;外聘各领域的教授开设专门课程,为学生提供课题研究指导。普通高中的"研究型"内涵与研究型大学的目标达成上是有鲜明区别的,后者在于"研以促用",前者则重在"研以促教"。

所谓"创新型",关键是理念领先,重实践与可操作性。学校以创新型实验室建设为突破口,强调创新平台的搭建,聚焦于创意与创新实践活动,鼓励师生不走寻常之路,打造在学习生活中"创新是必不可少、是活力源泉"的理念。注重以教学创新、课题创新、项目创新来推进,并以教育教学、学校管理的创新作为支撑,而其内核则是思想与方法的创新。

"研究型"强调氛围营造与机制支撑,重在土壤培育;"创新型"强调目标驱动与平台建设,重在学问之道。"研究型、创新型学校"力求学科教学质量的高水平和人才培育的高素养,不局限于传统课程和教材内容的传授,而以提升人才素养为着力点,打破学生发展的学段培养之时限,也要打破课堂空间之局限,以终身学习,读好书本与实践两本人生之"大书",方能放眼于学生的生涯规划与人生之路的可持续发展。

为此,学校需要在思考方式、办学理念、管理机制、治理体系、人才培养模式,乃至校园文化诸方面皆与时俱进,不断创新。

我们所讲的"研究型、创新型学校"与国外顶尖的"科技高中""**STEM(Science,Technology,Engineering,Mathematics**之简称)高中"以及国内一些学校提出的"学术型中学"等既有联系,又有区别,是立足于我国学校发展传统与未来需求的有关对学校发展的新追求,有着像上海中学等实验性示范性学校自身固有的一些特质。需要有明确的方向与目标,有确定的标准,哪怕是值得商榷与争鸣的。

不妨从下述五个方面来试着探讨其特质。

第一,要传承和发展以创新为核心的文化基因。一所知名学府独有的精神品格,往往根植于其所在国家与民族深厚的历史文化传统之土壤。"研究型、创新型学校"既具有深厚的本土创新文化传承,也有其不断发展深化的内在动力。所谓传承,主要体现在与学校育人传统的秉承上;所谓发展,则要以与时俱进的改革精神,在严峻的挑战与竞争中不断获得更强大的生命力。龙门书院所携带的"鼓励学生独立思考敢于质疑"的文化基因,必然具备"学而不思则罔,思而不学则殆"的深厚传统,无思怎能有疑,无疑又怎能萌发创新之芽?正是有了这种"学而思,思而疑,疑而问,问而新"的共识,推进了我校在学生发展需求与社会发展需求的结合点上引发共振,不断反思,也才能持续地探求我校创新发展的无限广阔的空间。

第二，教学与研究并重，在优势学科教学与研究上形成品牌。拥有一支稳定、敬业、长盛不衰的优秀教师队伍，是激励研究与创新最重要的保障。为此，教育科研必须紧紧围绕我校的特色来展开。基于教育教学实践的研究，是一种教师全员参与的研究，是立足于不同学科领域、不同优势潜能学生的特色发展及个性发展的必不可少的研究，要求在相应领域内达到一流或领先水平，方能逐步形成一批批学科教学与科研的品牌。

第三，搭建大量的创新平台，有利于学生个性潜能发展与发展取向的选择。每一位学生的兴趣、潜能是不同的，他们人生旅途的每一个阶段也会有不同的发展追求。"研究型、创新型学校"应立足于为不同类型、不同潜能学生的可持续发展，奠定厚实的做人之道与知识基础，必须尊重每一位学生的个性与潜能，让他们都能找到各自的兴奋点及兴趣所在，以此来激发各自的潜能。人生高中阶段的三年学习生活很关键，在这个关键阶段让学生作出适合自己的专业发展取向的选择，在大学与中学的育人理念的衔接、学校课程的衔接、教学方式的衔接、识别评价的衔接诸方面都有新的探索。

第四，张扬"不走寻常路"的学校精神。"研究型、创新型学校"蕴含着"不走寻常路"的上海中学精神。这种精神既根植于我校的传统，又着眼于世界的未来，也成了我校发展的内驱力以及无形的品牌。应该说，这是通过每一位师生的教与学的行动体现出来的，是不能照搬的。"不走寻常路"的学校精神能够让学生始终保持自由独立思考的习惯与不断质疑创新的激情，让教师的教学能根据学生的个性与时代的发展，持续探究新路，让上海中学校园内到处充满着研究、创新的气息。

第五，持续显现教师的领导力。"研究型、创新型学校"的校长要具有敏锐的教育发展之前瞻性眼光，充分用好现有的政策以及未来可能探求的空间，以提升学校的整体管理水平与课程、教学的引领力。教师要在自身的课程教学和教学领导力方面与学校的期望相匹配，根据学生的发展持续探索，激发学生"学以致问"，提升办学活力；还要求每一位教师都能够根据学生发展的特点，研究国内外先进的教育教学方式、不断创设适合教师与学生发展的舞台，获得教学专业水平的提升，学生整体素养的提升。

我们觉得：眼下，上海中学已处于构建世界一流的研究型、创新型学校的新起点上，很重要的一点是要为教师和学生的发展搭建更大的平台，创造更好的机会。"龙门书院·上海中学"书系的应运而生，旨在为教师拓展视野、探究育人、追求学术、提升专业所创设的一个发展时空；是为学生聚焦志趣、开发潜能与提升创新素养以展现才华的一个舞台；也是为我国普通高级中学有特色的多样化发展，开拓新的思路，坚持"不走寻常路"，不断激活普通高级中学的发展能量而抛砖引玉。

相信不久的将来，会有更多的学校与教师加入进来，彼此交流，相互切磋，不断协作，也能为不同志趣、不同领域、不同优势与潜能的学生之发展而创设更为广泛的创新平台与发展空间。

是为序。

冯志刚

特约国家督学、上海市上海中学校长、正高级教师

2018 年 7 月

con目录ents

辑二　爬梳章句理结构

回归"师者"的本源

(序　一)

　　韩愈的《师说》中说:"师者,所以传道受业解惑也。"这一经典论断诠释了教师的职责——传道、授业、解惑。而"道"得自于"业","业"又成之于"惑"。"惑"之重要性不言而喻。但是,现在的课堂(包括大学)中,教师能够口若悬河、滔滔不绝,也能够心不藏私、倾囊相授,却少有切中学生的疑惑、针对学生的需求、循序渐进地将学生引入胜境的。那么,新强老师的这本著作就是在这方面做了颇多的努力。此作从"解惑"入手,几乎每一篇都从学生的问题切入而展开,论理清晰,文意灵动,引人入胜。透过这些文字,我们也能想象新强老师的课堂教学也当是灵动自然、启人深思的,是引着学生迤逦而行,进入阅读之胜境的。其实,从本质上说,这就是在回归"师者"的本源,教师在课堂中的职责不是展现自己的才能,更不是炫耀自己的腹笥,而是解答学生的疑惑。只有真正解决了学生的"惑",他们方能在"业"中悟得"道"。

　　当然,要解学生的"惑",对教师的功底是很大的挑战。从中学语文教学的角度来说,教师对文本的解读能不能切中文本的肯綮,能不能避开蹈空灵虚泛泛而谈,能不能贴着文本进入微观的细致分析,都非常重要。因而,文本解读虽是语文教师的基本功,却也是最见功力的,犹如武侠小说中的少林罗汉拳是最基础的拳法,但又深藏着少林绝艺的精髓。从新强老师的这本著述来看,一篇篇文本解读都是实打实的硬功夫,是很能见出著述者的功底的。其实,本书所解读的大部分文本都是传世名篇,前人已多有评论和赏析,而新强的解读却总能翻出一点新意,这是难能可贵的。当然,这又与本书的切入角度——解学生之惑——是密切相关的。特别是上海中学的这批学生求知欲极强,提出来的疑惑颇具挑战性且往往别开生面,这就给教师提供了独特的思考角度,并迫使教师不断地学习进步。所谓"教学相长"无非如此。

　　相较大学教师,中学教师虽然与学生的交流更为频繁,更为密切,也更懂得学生学习中的冷暖,但是这些天然的优势往往也会成为他们的牵绊,因为过多的学生事务势必会牵涉教师的精力,使他们不能集中于专业的发展,更无暇于著书立言。而通读了新强老师的这本著作之后,我心甚喜甚慰,他在繁重的教育教学工作之余,还能笔耕不辍,且文心坚挺、学识长进。我以为此作的出版一定会受到学界特别是中学语文界的重视。

　　新强来信嘱我为此书写几句,故勉力为之。是为序。

張秀山

浙江广播电视大学原校长　教授
二〇一八年三月

细读是一种态度

（序　　二）

　　我们提倡文本细读,是针对语文教学中长期以来普遍存在的粗读、浅读、误读的问题。如读汪曾祺先生的《胡同文化》,常常只读内容大概,所谓北京的胡同有哪些特点、什么是胡同文化、胡同文化的内涵是什么;而不去揣摩汪老语言背后的情绪、情感、情怀,"唤头""惊闺"的声音被忽略,"现在早没有了"的感慨常被无视。这就是粗读的结果。浅读则只读显性的内容。如读贾祖璋先生作于 1979 年的《南州六月荔枝丹》,"我国幅员广阔,不同地区有不同的特产。因地制宜,努力发展本地区的特产,是切合实际的做法",其隐含于文字背后批评的锋芒、反思的态度、求实的精神,常不为人所知。而误读的问题,实在不少。如读葛兆光先生的《唐诗过后是宋词》,往往为文中的"流行歌曲"及作者的态度争论不休,而对葛先生所谓的"流行歌曲"的特定内涵与外延——即上世纪八十年代至九十年代初流行于中国大陆地区的华语歌曲的歌词,未加辨识,最终导致对整篇文章的误解。

　　我们提倡文本细读,是着眼于语文课程目标的达成。希望通过细读,引导学生从语言入手,沉浸到文本之中。既能把握主要内容,又能关注细微处,梳理它们彼此的关系,明确其意义;既能读到显性的意思,又能读出隐性的内涵意味,发现它们的不同价值。借此而体悟语言所蕴含的作者的情感与思想、品格与精神、胸怀与境界,认识到作者谋篇布局、御笔泼墨的技巧与智慧,赏其笔法、笔力、笔致,继而对这样的语言加深理解,丰富并优化个人语言的积累。这样,随着细读经历的累积、经验的丰富,滋养审美,提升思维,积淀文化,不断加深对祖国语言文字的特点及其运用规律的认识,不断提高正确有效地运用祖国语言文字的能力。

　　因此,我们提倡的文本细读,此"文本"专指教材文本,即课文。"细读"之"细",首先是仔细。文本在手,仔细地读,反复地读,读熟,这是第一步。经常有青年教师感佩于老先生对文本认识之精深细微,急于知道其中的窍门捷径;而老先生的回答也许会令后生们失望,那就是多读几遍课文。步根海先生常于家中引觞执册且饮且读;尽管先生是出名的好记性,课文大多早已竹影在心,他也常以"多读几遍课文"来关照青年教师、督促青年教师。其次,是细致。不满足于内容大概,不放过一句一词一字,甚至一个标点。了解了字面上的意思,还要深入下去,探索、发现其内隐的意思,所谓由浅入深,由显到隐,由内到外。另外,这个"细",又是细心。要用心去揣摩、理解、发现,于有疑处发问,于无疑处生疑。不轻信作者,也不轻信自己。不轻易判断,更不妄加批评。用心去靠近作者的心,揣摩作者未说之言、未尽之意,理解其中的苦心匠心。这就是与文本对话,与作者对话。如果缺失了这番细心,即便有对话,又有什么价值呢?

　　而无论是仔细,还是细致、细心,细读首先是一种态度。只有建立起这样的一种态度,才能在阅读中不但知其要旨,更能得其精髓与精妙,而这是进一步实践的动力。反复实践,态度才能转化成习惯;习惯养成了,能力才有不断提高的可能。如果没有建立起细读的态度,细读的能力又怎能形成? 无论教师还是学生,概莫能外。

　　就此而言,樊新强老师无疑是文本细读的践行者。困于教,而勤于思,敏于学;集二十八篇,钻研教材文本,针对学情,立足教学,篇篇不离教学实际,现场感十足。其启发意义自不待说。

范　飚

上海市教委教研室

二〇一八年四月

特殊的文本解读

（前　言）

苏珊·桑塔格（**Susan Sontag**）有《反对阐释》一书,提出文艺欣赏要去除一切外加的阐释,而回归事物本来的样式。文本的解读虽然有着悠久的历史,但它的有效性始终处于被怀疑的境地。也许正因为如此,谁也不敢说自己掌握了解读文本的终极真理,即使文本的创作者自身对文本也没有绝对的发言权,极端者名之曰"作者已死"。那么,文本的阐释之路,特别是经典文本的阐释之路必然会伸向更遥远的前方,不会中断。

中学课堂中的文本解读,与一般意义上的文本阐释不同。首先,语文教材中的文本大多是经典名篇,包括中国的、外国的,古代的、现代的,这些作品被教材的编者以某种育人理念选入教材之中,编者的理念和意图是解读者,尤其语文教师不能忽视的问题。因而,中学课堂中的文本解读除了考虑常规的文本解读要素之外,还要将教材理念和育人任务的实施纳入思考之中。这是很独特的一点。其次,中学课堂中的文本解读往往是微观的问题分析,而不是宏观的理论建构。这些微观的问题非常具体,可能是对某个词的含义的解读,可能是对文中某句话语的理解,也可能是文中某个矛盾点的解决。当然,我们解读者又不能被微观的问题所局限，必然要超越具体的某个点，以更高的理论视野加以关照，最终予以解决。再次，中学课堂中的文本解读常常又是以学生的疑问为基础的。教师的解读，必须以学生为中心，而不是以自己为中心。也就是说，教师的文本解读，不是分享自己的读书心得，而是解决学生实际的阅读困惑。同时，教师的解读，也不能够超越学生的理解力，任意地炫耀自己的五车学识，必须要以学生的接受力为限度。总而言之，中学课堂中的文本解读，自有其特殊性，也自有其无穷的兴味。而这都源自于我们的对象——学生。

正因为如此，本书的形成，最大的推动者当属我的学生们，是他们的质疑促使我不断地思考，也正是他们的疑问开拓了我的思路。而在整理、分析、提炼这些疑问的过程中，我也发现越是经典的文章就越能激起学生的疑惑和探讨的欲望。因而，本书中收入的三十来篇解读文章大多是针对经典名文的。同时，学生的疑问往往是在阅读教材选文的过程中产生的，很多时候这些疑问和教材的版本又有着密切的关系，因此本书中每篇解读文章后面都附有教材原文，且一切排版、文字甚至标点符号全部依照华东师范大学出版社2007年版的高中语文教材（试用本），不过文中附图是另配的。

当然，这样的基于学生学情的文本解读对教师本人的理论功底提出了很高的要求，我在解读文本或者说解答学生疑惑的过程中每每感到困窘，深感"书到用时方恨少"，这也是本书命名"困教录"的缘由。不过这每每的困窘也逼迫我读了一些书，做了一点思考。也许呈现出来的解读文章，依然像苏珊·桑塔格所说的，是"不可靠的理论基础上的阐释"，"是对艺术的冒犯"。但我想，伟大艺术的耀眼光芒绝不会因为我这不可靠的阐释和冒犯晦暗半分！

绪　　论
学生疑问、文本解读与课堂教学

　　学生的疑问是很有价值的,可以说是我们语文课堂教学的起点之一。语文课堂之所以长期存在着"少、慢、差、费"等状况(吕叔湘先生语),这跟我们语文教师对学情的陌生和忽视是有很大关系的。孙绍振先生在他的《名作细读》(上海教育出版社 2009 年版)中说:"在语文课堂上重复学生一望而知的东西,我从中学时代对之就十分厌恶。从那时我就立志,有朝一日,我当语文老师一定要讲出学生感觉到又说不出来,或者认为是一望而知,其实是一无所知的东西来。"孙先生的"重复学生一望而知的东西",本质上仍然是教师对学生的学情并不了解。因而,语文课堂中基于学情的教学是至关重要的。而教师对学情的掌握,容易操作的办法就是收集、分析、提炼学生的疑问。

　　学生的疑问往往比较复杂。从疑问发生的场合来看,可能来自预习之时,是自主阅读后产生的困惑;可能来自课堂之中,是教学过程中与老师、同学"对话"时激起的疑问;也可能来自课后,是在课后作业或课后反思中产生的问题。从疑问的层次上看,可能是很浅层的知识层面的疑问,也可能是深层的文学鉴赏,甚至涉及美学、哲学方面的困惑。从疑问的涉及面来看,有些疑问可能只是个体学生的困惑,而有些疑问可能是普遍的典型的疑问。因而,收集到学生在阅读中产生的上述问题后,有必要对学生的问题进行分析,提炼出具有典型意义的、关乎文本核心价值的问题,并将之化入课堂教学之中顺势解决。当然,对不太典型的问题,教师也要帮助学生解决,或者个别指导,或者以较为艺术的形式引导到课堂的核心问题中去。

教师要帮助学生解决这些典型的疑难问题,了解这些疑惑产生的根源又是极为必要的,因为这样才能对症下药,并能指导学生举一反三,逐步提高学生的语言能力和审美能力。以我在上海中学的教学实践来看,学生在阅读中产生的这些困惑往往来源于以下四个方面:

一、显性与隐性的错位

我们常说,好的文章不是一望而知的,而是需要细细品味的。这就意味着,好的文章往往将真实的情感隐藏在文字之间,将真实的意图隐藏在文字背后。显性信息和隐性信息之间往往存在着某种错位,作者表面上表达着这层意思,其实隐藏着另一层意思。这就会给学生带来困惑。比如学习苏辙的《黄州快哉亭记》,学生就提出了一个疑问:文中提出"内心坦然,无往不快"的道理,但是怎么总感觉文中隐隐透露出一股不平与牢骚之气呢? 确实,此文擒住"快"字,看似表达了不以个人得失为意的情怀,字里行间又隐藏着一股不平之气。那么这里的显性的"旷达"和隐性的"不平"是什么关系,就需要教师引导着学生沉浸文本,细细梳理。再比如学习《秦晋殽之战》,学生提出了这样的困惑:战前的秦穆公是一个傲慢专横、刚愎自用的君主,战后的秦穆公变成了一个宽宏大量、勇于认错的形象,这样的转变是不是太快了? 从文本显性的信息来看,似乎就是这样,此文中秦穆公两次出场,形象大异。但如果教师引导学生关注那些隐性的信息、那些关于秦穆公的简省的笔墨,学生就会发现这些隐性信息填补了显性信息的空白,就会注意到文中秦穆公的形象变化不是突变,而是一个自然演进的过程。诸如此类,文本中的显性信息和隐性信息存在着某种错位,或者是隐含着一定的冲突,或者是存在着相互的补充。这都会给学生的阅读带来障碍,而这样的困惑往往指向文本的核心价值,因此教师不如将之作为课堂着力解决的问题。

二、经验与未知的冲突

学生学习的过程,是一个在已知经验的基础上探索未知的经历。探索未知的过程,可能是对已有经验的印证和补充,这会加深学生对已有经验的认识,也会给学生的学习带来满足感和获得感。但是,探索未知,也可能是对已有经验的质疑和冲突。这时,学生就会产生困惑,需要教师加以引导。比如议论文阅读,学生就把"论点、论据、论证"的三要素当作议论文的必备要素,把论据真实性当作是金科玉律。但是自古以来的很多经典论述文未必一定就有所谓的鲜明的中心论点句,也未必一定有有力的论证过程,论据真实性的要求也未必一成不变。比如小说阅读,学生总认为情节包括开端、发展、高潮、结局。但是,很多经典的小说如教材中的《最后的一片常春藤叶》和《项链》都不具备全过程式的情节。这都是学生固有的经验甚至是某种成见与未知知识的冲突,这会给学生带来很大的困惑。学习韩愈的《师说》时,学生就提出了这样的质疑:韩愈这篇名文怎么跟我们印象中典范的议论文不太一样,它的论证结构是怎样的呢? 学习欧阳修的《伶官传序》之时,学生也提出这样的疑问:《伶官传序》这篇史论文固然非常精彩,但是作为一篇独立的议论文还是有缺陷的,比如他引用的史实的真实性是有疑问的。显然,这些疑问的产生就是因为学生无法用已有的经验或理论解释摆在面前的新鲜的文本。

三、书写与真实的差异

一般来说,真实是文学的基础。但是,学生往往较为狭隘地理解文学中的"真实"。他们通常以为"真实"就是一种自然的客观的真实,比如写景应是一种与自然相合之景,不能违背自然科学规律;比如叙事应是一种符合社会常理之事,不能违背社会运行规律。但是,文学中的"真实"比较复杂,有时不仅不是自然的客观的真实,而且可能是违背自然或者社会真实的一种深层次的"真实"。也就是说,文章中作者的表达,常常是作者想象的或者回忆的内容,或是经过主观加工的内容,与学生理解的"真实"会产生不小的差异,这就会给学生的阅读带来不小的困惑。比如学习杜甫的《月夜》一诗,学生就提出了这样的问题:杜甫在诗中将自己的妻子描写得如此清丽深婉,这同当时的真实情况并不符合,杜甫的妻子此时恰恰是体弱多病、憔悴不堪的。学生其实很敏感,已经意识到诗中作者描绘的妻子形象和现实生活中的妻子形象存在着不小的差异。这就需要教师引导学生对文学中的"真实"进行更为深层次的探讨,才能理解杜甫诗中深挚而真实的情感。再比如学习萧红的《回忆鲁迅先生》,学生就提出了疑问:在萧红的记述中她对鲁迅、许广平怀有一种家人般的亲近和温情,为什么在许广平的记述中却透露出对萧红的埋怨和烦恼?由此可见,学生已经意识到萧红在文中的描述和真实的状况并不一致。而这种不一致,或者说学生认为的"失真",恰恰反映出萧红内心世界的纯净以及对情感的渴望。而这又是极"真实"的。

四、原文与选本的变异

我们的大多数语文教材都是文章的选本。教材的编者在选择文本的过程之中必然贯穿着教材整体的育人理念。而在选择文本的过程中又常常碰到这样两个问题:第一是面对古代作者的文章之时,编者选择怎样的版本? 一般来说,编者需要决定选择一个当代的点校本。第二是面对作者的原文的时候,编者要不要做适当的修改? 在对古代文章版本的选择和近人文章的修改过程中,不仅体现了教材编者的育人理念,也展现了编者对文本本身的理解。换句话说,这是编者和作者之间的"对话"。而学生在阅读文本的过程中也会与作者进行"对话"。这两种"对话"有时就会产生差异,本质上讲是编者与学生在理解鉴赏上的冲突。比如学习苏轼的名文《石钟山记》,学生提出了一个疑问:文章记游石钟山并考证了石钟山得名的缘由,由此阐发了"事不目见耳闻,而臆断其有无,可乎"的人生哲理。但是李渤乃至寺中小童都有亲身实践,"目见耳闻",怎么能说他们是臆断呢? 这个问题就涉及选文的版本。沪教版高中语文教材的选文中,将"事不目见耳闻,而臆断其有无,可乎"一句置于第三段之首,似乎总领这段内容。这段的后半部分阐述了石钟山得名缘由不传的种种具体原因:郦道元的记述太简单,士大夫不肯夜泊绝壁之下故而不知,渔工水师不能用文字表述,还有陋者"以斧斤考击而求之"而不能得到事情的真相。从结构的角度看起来,这前后应该是总分关系。但细细推敲,就会产生和学生们一样的疑惑,其实不管是李渤、寺中小童,还是渔工水师,甚至是士大夫们都有"目见耳闻",怎么能说他们是臆断呢? 而中华书局1986年版由孔凡礼先生点校的《苏轼文集》中的《石钟山记》就将"事不目见耳闻,而臆断其有无,可乎"一句点入苏轼对苏迈说的话之中,归于第二段之末。这样,我们就明白了苏轼的指责针对的是开头那些怀疑郦道元说法的人,而不是李渤等人。问题就在版本的辨析之中就得到了解决。再比如学习《苏武传》(节选),学生也提出这样的疑惑:教材中的《苏武传》"李陵劝降"部分写得非常精彩,为什么要将这段文字删去? 其实,不只是教材选《苏武传》时有所删节,班固写作《苏武传》时对苏武北海牧羊时娶胡妇并生子的内容也作了删减。这就不仅仅限于原文和选本的差异,而已涉及更深层次的内容了。这样的选择,不管是版本的选择还是文字的节选,都是编者意志的体现。而这种编者意志往往要激起学生的困惑和挑战。学生加入了作者和编者的对话之中,将两者的对话变成了多人的对话,由此拓展了对话的空间和对话的方式。另外值得一提的是教材中选定的外国作家作品。原文和教材选文之间,又多了一层译文的因素,这其中的辗转也常常是学生产生困惑的源头。

　　当然,学生产生困惑的根源很复杂,以上所列举的四条也不过是在我的教学实践中发现的最常见的几点原因。只有挖掘学生困惑的根源,我们才能对症下药,进行解答。而这种解答,又不是一种简单的知识灌输,更应该是一种方法的引领和智慧的启迪。

　　在教学实践中,针对学生产生的种种困惑,不妨试试以下五种方法的引导:

一、关键词句的涵泳

　　古人论诗文常有"诗眼"或"文眼"的说法。也就是说,一首诗歌、一篇文章中常有涉及整体结构、涵盖主要内容、揭示核心意旨的关键词句。现当代作家的文章中当然也不乏这样的"文眼"存在。正确理解了这些关键词句在文章中的作用,就能提纲挈领地把握文章的核心。因而,针对学生一些关乎文章结构、文本主旨的疑问,不妨以"文眼"或者说关键词句为切入口引导他们向文章深处漫溯,以解决相关的疑问。比如学习龚自珍的《病梅馆记》,学生提出了一个问题:梅以曲为美、以欹为美、以疏为美,这很正常,为什么说这是病梅呢? 学生的疑问来自于文本内容和我们日常的审美经验之间的"疑似"冲突。此时,若教师引导学生关注文章第一段第三句"固也"二字,就会发现作者龚自珍并没有否定我们对梅的一般审美情趣。作者在提出文人画士对梅的审美情趣之后,紧接着就写了"固也"两字,"固也"即"本来如此"之意。"固也"或者说"本来如此"这一判断中,表达的一层含义就是对这种审美情趣的肯定,当然更暗含了另一层否定的意思,那就是对文人画士的批评。梅"以曲为美""以欹为美""以疏为美"这本来并没错,然而文人画士希望以此为唯一标准来绳束天下之梅,那就是居心叵测了! 文章在这后一层意思上发挥较多,让学生误以为作者否定了我们日常的审美经验。若教师引导学生细细涵泳"固也"一词,就会对作者的态度理解得更为全面且深刻了。再比如学习朱自清的《荷塘月色》,学生提出了质疑:"江南采莲图"这一部分和《荷塘月色》

的整体意境似乎不够圆融完满,如何理解这个问题? 要帮助学生
解决这个问题,就必须引导学生品味文章的关键句"我这几天颇不
宁静",特别是要帮助学生探究"颇不宁静"的原因。从文章第三段
中,我们可知,作者在文章一开首倾诉的"这几天心里颇不宁静"的
原因是感到"不自由"。而要摆脱这种"颇不宁静",暂时从生活的
束缚中解脱出来,获得心灵的自由,宁静的氛围未必是必要的条
件,欢快的场景也能帮助作者暂时解脱。也就是说,这些宁静的和
热闹的场景都能给作者以自由感。因而,"荷塘月色图"和"江南采
莲图"看似不和谐,其实本质上又是一致的。这样,在关键词句"颇
不宁静"的涵泳和探究之中,学生的困惑也许就能得到解决或者是
部分的解决。

二、文本内部的联系

关键词句的涵泳,通常不是静态意义上的琢磨,而是动态意义
上的体察;通常不是词典意义上的理解,而是语境意义上的领会。
很多时候,我们引导学生超越文本提供的显性信息,体会到文本背
后的隐性信息,就需要摈弃静态的读书方法,而采取一种动态的、
关联的读书方法。比如上文提到的学生关于《黄州快哉亭记》的疑
问,如何读出苏辙看似超脱的态度下隐藏着的不平之气。这时我
们不妨引导学生前后联系着阅读文中的关键信息。文章前后两次
写江流和风云,前一次写"涛澜汹涌,风云开阖",后一次写"长江之
清流"和"西山之白云"。江流是同样的江流,白云也是同样的白
云,前后两次描写却截然不同,一则激荡,一则安闲。这样对景物
描写作关联阅读,就会逼迫学生思考作者苏辙在景物背后隐藏着
的复杂情感。再比如学习方苞的《左忠毅公逸事》一文,学生提出
了这样的疑问:左光斗主持考试,对史可法的试卷"面署第一"是否
显得过于草率了? 面对这样的疑问,如果教师引导学生前后联系
着阅读,也许疑问就会冰释。联系文中"风雪严寒"和"微行入古
寺"两条信息来看,这里不仅交代左光斗访才的天气情况和地理位

置,更主要的是暗示了他为国选才的殚精竭虑。试想"风雪严寒日"尚在努力发现人才,更何况"风和日丽时"呢? 试想连僻静的古寺都有了左光斗的行踪,更何况那些聚集着众多学子的学馆呢? 因而,我们可以推知学政左光斗在院试之前已经对京畿地区的读书人有了比较广泛和深入的了解了。这就可以说是左光斗敢于"面署第一"的基础了。既然这样,那么左光斗选拔人才怎么会是草率而随意的呢? 但假如我们忽略以上两条重要的信息或者是不能够将"面署第一"与之联系起来思考,那么就只能得出较为粗浅的见解了。

三、版本之间的比较

版本之间的差异,可能产生于作者自身对文本的后续调整,也可能来自于后人在编纂过程中发生的改动。这些差异会给学生带来困惑,但是这些差异也是重要的教学资源。假如教师能够引导学生利用这样的差异,研究差异产生的根源,比较差异带来的效果,也许对文章的核心能够有更深层次的体悟。鲁迅先生在《不应该那么写》(《鲁迅全集》第 6 卷,人民文学出版社 2003 年版,第 321 页)一文中曾说:"凡是已有定评的大作家,他的作品,全部就说明着'应该怎样写'。只是读者很不容易看出,也就不能领悟。因为在学习者一方面,是必须知道了'不应该那么写',这才明白原来'应该这么写'的。这'不应该那么写',如何知道呢? 惠列赛耶夫的《果戈里研究》第六章里,答复着这问题——'应该这么写,必须从大作家们完成了的作品去领会。那么,不应该那么写这一面,恐怕最好是从那同一作品的未定稿本去学习了……'"未定稿本和定稿本之间的差异,是作者自己的调整。学习鲁迅先生的《白莽作〈孩儿塔〉序》一文时,教师可引导学生关注鲁迅手稿中的修改痕迹,看出未定稿和定稿之间的差异。在此文的第二段中有多处修改,比较有意味的有"他的哥哥"改成了"这哥哥"、"他们俩是殊途同归的兄弟"改成了"终于和他成了殊途同归的兄弟"、"他叫徐白"改成了"他却叫徐白"。学生若能细细比较这些差异，就能对鲁迅先生此段中浓郁而复杂的情感有更深刻的体会。除却作者自身的调整之外，后人编纂校订的不同版本也因带着自身的理解呈现出不同的面目，这在文言文教学中就更为突出了。比如上文提到学生对苏轼的《石钟山记》的质疑：李渤乃是亲身考察了石钟山，并不能说他"事不目见耳闻，而臆断其有无"。针对学生这样的疑问，假如教师引导学生比较教材版本和其他校订本的差异，问题也许就迎刃而解了。因而，不管是未定稿与定稿之间的版本差异，还是后人不同校勘本的差异，都是教学中值得关注的重要资源。可见，版本之间的比较，确实是解读文本的重要手段。

四、知人论世的介入

"知人论世"是中国古代文论中重要观念，出自《孟子·万章下》中"颂其诗，读其书，不知其人，可乎？是以论其世也"之句。孟子本意是要提出交友的方法，经后人发展而成为一种重要的文学批评手段。阅读鉴赏作品之时，要了解作者的身世、经历、思想状况及写作动机等信息，是为"知人"；要联系作者所处的时代特征去考察作品的内容，是为"论世"。虽然这种方法在语文教学中被滥用而遭到诸多批评，但是它仍然不失为一种重要的理解文章的手段。比如学习郁达夫的《故都的秋》时，学生提出了疑问：在作者描绘的几幅画面中，为什么唯独"秋日胜果"这个画面没有浸染着悲凉的情感色彩？这个问题的解决，就必须联系作者的身世经历。只有了解了郁达夫和儿子龙儿在北京那段经历之后，才会知道"枣树"在郁达夫文中不同寻常的内涵，才会理解在别人看来透露出勃发生机和淡淡喜悦的"秋日胜果"，对于郁达夫来说，只是沉痛的悲凉。比如上文提及的朱自清的《荷塘月色》，要理解朱自清的"不自由"，就必须联系作者与其父亲之间的复杂关系。比如学习李密的《陈情表》，要理解为什么李密第二次上书比第一次上书有效，也要关注第二次上书的时间与晋武帝的母亲王元姬病亡的时间相合这一历史信息。这些关于时代(特别是作者个人经历)的信息,对于理解文本无疑是非常重要的。当然,这种"知人论世"的介入,也要谨慎而为,不能滥用。动则将朱自清的"不自由"与"大革命"联系起来,或者把郁达夫的"悲凉"和"抵御外侵"混为一体,这又是牵强的做法了。

五、理论观念的更新

文学理论在中学语文课堂之中无须作系统性的介绍,这同中学生的学情是相应的,但是适当的理论介入也显得颇为必要,因为这确实有助于学生理解文本,更重要的是学生在阅读过程中的一些困惑其实是由于受到他们脑中既有的陈旧理论束缚而带来的。比如议论文中的三要素理论,散文中的"形散神聚"理论,散文中的"真实性"观念,小说中的情节理论等等,都是学生在阅读之前已经具备的根深蒂固的观念,很多时候竟成了解读文本的金科玉律,甚至是不二法门。这样的话,面对很多新鲜的文学文本,观念和实践之间就会发生冲突,困惑自然就产生了。在这个时候,教师不妨稍稍拓展一些文学理论,帮助学生跨越障碍、解决疑惑。比如上文提及的《月夜》中"妻子"形象问题,教师不妨对"艺术真实"这方面的理论稍稍介绍,让学生明白艺术真实和生活真实之间的关系,生活上的失真也许能达到艺术上本质的真实。比如学习《秦晋殽之战》,学生提出了疑问,认为秦穆公两次出场时形象转变太快。教师不妨用一点接受美学的理论指出文本中可能存在的"空白",引导学生顺着文意填补"空白",那么秦穆公的形象就不再单薄而显得立体化了。再比如学习萧红的《回忆鲁迅先生》,教师介绍一点俄国形式主义者的"陌生化"理论,也能帮助学生理解这篇文章成为同类的回忆鲁迅先生的文章中的经典的背后原因。总之,文学理论在中学课堂中的适当运用,是能够起到积极或正面作用的。当然,文学理论的使用还是要慎重,二十世纪以来,西方文艺理论走马灯似地更新,但在解读文学文本上依然没有普世的准则。因而,在中学课堂中文学理论的介入,当以学生的学情为准,切不可以求新求异为鹄的。

　　以上五种方法,虽然角度有异,但是有一点是共通的,那就是要引导学生沉浸到文本中去,仔细揣摩,用心思考,进而解决自己的疑惑。而这个解决疑惑的过程,可以贯穿整个课堂,也就是说学生的某个普遍性问题,成为整堂课的核心问题;当然也可以是整堂课中的一部分,起到帮助学生真正读懂文章的辅助作用。但不管何种方式,这样的课堂教学一定是基于学生的困惑而实施的,自然就不会"重复学生一望而知的东西",自然也能解决课堂中存在的"少、慢、差、费"之状况。

辑一　勾稽字词探旨意

　　文章的旨意,常常隐藏在文字的背后,需要教师引导学生透过显性信息,掘出隐性信息,这才能真正读懂文章的旨意。勾稽字词,涵泳文本,应该是阅读中的根本途径。只不过,勾稽字词并不是简单地掌握字词的词典义,而是要深入地把握它在文本中的语境义;不只是理解字词表面的信息,更要推知它背后真正的意蕴。涵泳文本,也不是静态地提取信息,而是动态地联系并体会语意,要在文本中左顾右盼、上下求索,这样才能走入文本的深处。

背后搅动着的政治势力
——读《谏太宗十思疏》

　　《谏太宗十思疏》是初唐名臣魏征于贞观十一年(637年)写给唐太宗的一封奏折。贞观十一年的三月到七月,魏征"频上四书,以陈得失"(后晋刘昫等撰《旧唐书·魏征传》,中华书局1975年版),《谏太宗十思疏》是其中的第二疏,因此也被称为"论时政第二疏"。据说唐太宗看了之后猛然警醒,写了《答魏征手诏》,动情地回复说:"……诚极忠款,言穷切至。披览忘倦,每达宵分。"太宗甚至将这篇文章常置于案头,奉为座右之铭。后代的评论家或高度评价魏征的讽谏艺术,如"其匡过弼违,能近取譬,博约

连类,皆前代诤臣之不至者"(后晋
刘煦等撰《旧唐书·魏征传》,中华
书局 1975 年版),"剀切深厚,可与
三代谟、簿并传"(清吴楚材等《古文
观止》,中华书局 1959 年版)。或极
其神往太宗与魏征之间的君臣关
系,如"非魏公不敢为此言,非太宗
亦不敢纳而用之。千古君臣,令人
神往。文虽平实,当与三代谟训并
垂,原不待以'奇幻'见长也"(清林
云铭《古文析义》卷十),"疏上,太宗

图 1-1-1　唐太宗像(传为宋人摹
阎立本之画作)

即纳,此魏公所以称贤相,而贞观之治,亦几于古也"(清李扶九《古
文笔法百篇》卷二)。总而言之,历代以来,此文的政治学意义和文
学意义得到了充分的肯定。

　　因而,中华人民共和国成立以来,这篇文章被收入各种版本的高
中语文教材之中,供高中生学习,沪教版高二第二学期语文教材也收
录了此文。在学习本文之后,有两位学生提出的问题值得深思。一
位同学质疑道:"这样一些充满道德训导意味的陈言空话怎么会让唐
太宗如此感动? 竟然还说'披览忘倦,每达宵分'!"另一位同学质
疑:"唐太宗读了此文后表示要谦虚纳谏,而行动上似乎并没有真
正做到,不然魏征后面也不会就此事再多次上疏。那么唐太宗所
谓的'虚襟静志'纳谏是不是发自内心的呢?"两位同学的质疑本质
上是一致的,那就是,唐太宗是否真的被魏征的这篇文章感动了。

　　当然,不可否认的是魏征这篇奏疏具有极高的讽谏艺术。首
先,用语委婉。文章开头,作者先设置了两个非常形象的比喻,"求
木之长者,必固其根本;欲流之远者,必浚其泉源",以此引出作者
的观点——"积德义"。这里的比喻论证固然可以使道理更为明白
晓畅,但更为重要的是这样可以使道理更为婉转,更容易被人接
受。再如开头比喻之前的"臣闻"二字固然是奏疏的格式,也在向

帝王表明以下不过是自己的一孔之见;第三段开头"诚能",用让步语气消弭了"十思"带来的锐气。其次,屈己扬君。抬高太宗的身份,贬抑自己的地位,也是本文讽谏的一大特点。说到自己的时候,谦称自己"下愚",最愚笨的自己;说到太宗的时候,称呼对方为"明哲",英明睿智的圣君。当然,此处的"屈己扬君"却又是"柔中带刚"的,"虽在下愚,知其不可,而况于明哲乎",句中对比和反问,似乎已经让太宗无法辩驳了。其三,以虚代实。粗看起来,正如上面那位质疑的同学所言,这篇文章的"十思"部分不过是一些空泛的陈言套语,也只是历代的忠鲠之臣常有的谏言,并不是新鲜深刻之言。但是,细细想来,这恰恰是作者"以虚代实"的讽谏手法。陆精康在《"十思":莫谓谏臣空议论》(《中学语文教学》2001 年 12 月)一文中对这"十思"背后的具体史实做了细致的梳理。陆先生以为,这"十思"绝不是空发议论,无的放矢。在陆先生梳理的基础之上,我们可以进一步思考:既然有具体的史实,为什么故意写得那么"虚"? 其实,这正是魏征讽谏艺术的体现。对唐太宗大修庙宇宫殿、四处巡游等各种劳民伤财的事件,唐太宗和魏征都是心知肚明的,这又何必说破? 点到即止,既能震动君心,也给太宗皇帝留下了面子。因而,此处看似浮泛空洞之"虚"要比针锋相对之"实"更具讽谏成效。总而言之,魏征此奏疏确具极高的讽谏艺术,也当得起"可为万代王者法"之美誉。

　　但这似乎仍不足以说明太宗皇帝会被这封要求自己"克制欲望、积累德义"的奏疏感动。因为奏疏所阐述的也不过是太宗皇帝所熟知的一些浅显的道理而已。因而让太宗警醒的恐怕不是奏疏本身,而是魏征这个人。欧阳修、宋祁等人编的《新唐书·魏征传》(中华书局 2003 年版)中唐太宗的一句话透露出了消息。魏征问太宗,听说太宗有关南之行,怎么忽然停止了呢。唐太宗说:"畏卿,遂停耳。"这个"畏"字从某种程度上正说明了唐太宗和魏征的关系,或许也是我们理解这篇文章的一把钥匙。

魏征是隋末唐初政坛上非常重要的一位人物。他曾两次投身于农民军的行伍:先是在李密的瓦岗军中,待了一年左右的时间,多次向李密献计;后来又在窦建德的起义军中被拜起居舍人,度过了一年半的时间。他还两次归附于唐王朝:充当李建成的幕僚,出谋划策,长达五年的时间;在玄武门事变之后又被唐太宗收为己用,拜为谏议大夫。由此可见,魏征曾长期在隋末唐初的几大政治势力圈中服务,并受到重用。而在唐初政坛中,李唐王朝出身的关陇集团、传统的门阀山东士族以及山东豪强

图 1－1－2 《金明馆丛稿二编》书影
(生活·读书·新知三联书店版)

集团是非常具有影响力的几股政治势力。唐太宗在上台之后,努力平衡各集团的势力,而魏征因其复杂的政治经历就在其中扮演着非常重要的角色。如《旧唐书·魏征传》中说:"及(李)密败,征随密来降,至京师,久不见知,自请安辑山东,乃授秘书丞,驱传至黎阳。时徐世绩尚为李密拥众,征与世绩书,世绩得书,遂定计遣使归国。"《新唐书·魏征传》中又说:"(太宗)即位,拜谏议大夫,封巨鹿县男。当是时,河北州县素事隐、巢者不自安,往往曹伏思乱。征白太宗:'不示至公,祸不可解。'帝曰:'尔行安喻河北。'"前一条写魏征安辑徐世绩等为代表的山东豪强势力,后一条写魏征在玄武门之变后安抚李建成在河北的残余势力。从这两条记载中,我们可以清晰地感受到魏征在安抚山东豪强势力、李建成政治势力中扮演的独特的政治角色,以及展现出的高超的政治手腕。因而,陈寅恪先生在他的《论隋末唐初所谓"山东豪杰"》(《金明馆丛稿二编》,上海古籍出版社

1980 年版)一文中评价魏征:"(太宗)特重用征者,正以其非山东盛门,而为山东武装农民集团即所谓山东豪杰之联络人耳。在太宗心目中,征既非山东贵族,又非山东武人,其责任仅在接洽山东豪杰监视山东贵族及关陇集团,以供分合操纵诸社会政治势力之妙用。"从此就可见出,魏征对于唐太宗的重要性。而从另一方面来说,魏征之所以能在几股政治势力中斡旋,也在于他能在中央政府中维护着他们的利益。明晰了魏征这样特殊的政治地位,我们就能理解唐太宗为什么会说"畏卿"这样的话,也能明白魏征的谏言本身不是一个谏臣的谏言,而是背后政治集团势力之间的权衡。

因此,唐太宗所谓"诚极忠款,言穷切至。披览忘倦,每达宵分"之类的答复从某种意义上来说其实是一种政治表态,而不是真诚感动。即便从人性的角度来看,一个人也很难被政治道德训导所感动,只能是被警醒,而警醒唐太宗的恰是魏征背后强大的政治势力。因而,这种所谓的"虚心改过"就不可能长久持续,因为政治势力总会此涨彼伏,此消彼长。不久唐太宗还会犯错,魏征还会直言进谏,唐太宗再虚心进谏。看上去理想的君臣关系,读出来高妙的讽谏艺术,背后其实涌动着政治势力之间的平衡和妥协。

【附】

谏太宗十思疏

【唐】魏 征

臣闻求木之长者,必固其根本;欲流之远者,必浚其泉源;思国之安者,必积其德义。源不深而望流之远,根不固而求木之长,德不厚而思国之安,臣虽下愚,知其不可,而况于明哲乎!人君当神器之重,居域中之大,不念居安思危,戒奢以俭,斯亦伐根以求木茂,塞源而欲流长也。

　　凡百元首,承天景命,善始者实繁,能克终者盖寡。岂其取之易守之难乎? 盖在殷忧,必竭诚以待下;既得志,则纵情以傲物。竭诚则吴越为一体,傲物则骨肉为行路。虽董之以严刑,振之以威怒,终苟免而不怀仁,貌恭而不心服。怨不在大,可畏惟人;载舟覆舟,所宜深慎。

图 1-1-3　魏征进谏图

　　诚能见可欲,则思知足以自戒;将有作,则思知止以安人;念高危,则思谦冲而自牧;惧满溢,则思江海下百川;乐盘游,则思三驱以为度;忧懈怠,则思慎始而敬终;虑壅蔽,则思虚心以纳下;惧谗邪,则思正身以黜恶;恩所加,则思无因喜以谬赏;罚所及,则思无以怒而滥刑。总此十思,宏兹九德,简能而任之,择善而从之,则智者尽其谋,勇者竭其力,仁者播其惠,信者效其忠;文武并用,垂拱而治。何必劳神苦思,代百司之职役哉?

"先王之道"为何道
——读《过秦论(上)》

《过秦论》是汉代贾谊史论文的代表作,分上中下三篇。其中写得最好、影响最大的是上篇,上篇主要叙述秦王朝兴亡的过程,论述秦王朝灭亡的原因。明清以来,几乎所有的古文选本都要选此篇,沪教版高二下语文教材中也收有此篇。此文立意高瞻远瞩、论述气势如虹、语言汪洋恣肆,受到了历代读者的高度评价,也受到当代中学生的喜爱。教学此文后,有一个学生提了一个问题:文章最后得出结论"仁义不施而攻守之势异也",将秦亡的原因归结为"仁义不施",其实从全篇来看秦从未施过仁义,那么第四段开首说"废先王之道"如何理解? 这是一个好问题,抓住了文本中一个很容易引人疑惑的阅读点。

首先,从学生的提问中,我们能感觉到他已经比较全面地理解了文章的中心观点。文章的中心观点"仁义不施而攻守之势异也",指出秦灭亡的原因在于"仁义不施"。那么,为什么"仁义不施"会导致国家灭亡呢? 作者认为是"攻守之势异也",也就是说贾谊认为攻天下和守天下应采取不同的应对之策,攻天下之时可"仁义不施",但守天下时必得"施仁义"。秦正是在守天下之时仁义不施,才导致灭亡。

因而,如果不作价值判断的话,"仁义不施"并非是国家灭亡的必然原因,"仁义不施"也可兴国,就如秦的崛起、兴盛与统一的过程中并未实行什么仁政,恰恰是凭借马上而获得天下的。本文前三段对此就有详尽的论述。如第一段中论及秦崛起之时的政策时说"修守战之具,外连衡而斗诸侯",秦统治者在此时积极发展军事实力,并用连横策略使诸侯之间互相争斗,"拱手"之间就取得了西河之外的大片土地。当然说"拱手"完全是夸张之辞,其实秦用了上百年的时间,通过不断的血腥战争,才将土地扩张到黄河以西。这些战争中,六国合纵与秦作战的次数就有将近十次之多。再看第二段中说"孝公既没,惠文、武、昭襄蒙故业,因遗策",秦孝公之后的几代君主继承了发展军事增强国力、凭借武力攻取天下的策略,"南取汉中,西举巴、蜀,东割膏腴之地,北收要害之郡",直至九国"伏尸百万,

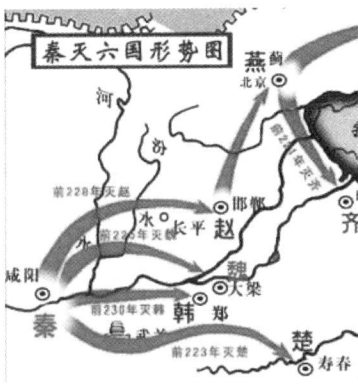

图1-2-1 秦灭六国形势图

流血漂橹"而"强国请服,弱国入朝"。第三段中秦始皇更是继承祖业,将武力发展到极致,所谓"振长策而御宇内,吞二周而亡诸侯,履至尊而制六合,执敲扑而鞭笞天下",最终得以通过战争一统天下。由此可见,在秦的崛起、兴盛、统一的过程之中,武力才是最重要的国家策略,并不是仁政。换句话说,"仁义不施"未必不能兴国。

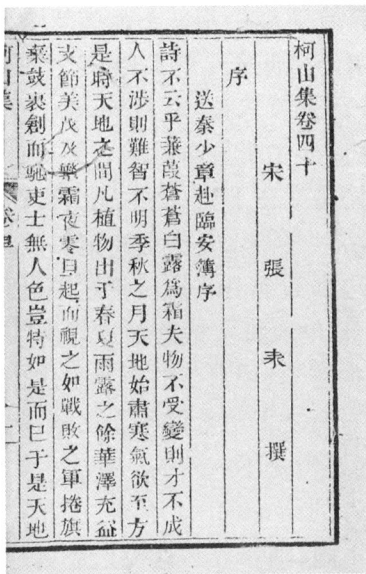

图1-2-2 《柯山集》(清木活字内聚珍本)

但是,贾谊认为,当情势发生变化,条件发生转移,攻势变成了守势,那么策略也应该发生变化,此时再用"仁义不施"的策略就会给国家带来灾难,就会发生"一夫作难而七庙隳,身死人手,为天下笑"的悲剧。因此,在贾谊的论述中,"攻守为二道"(苏轼《儒者可与守成论》中语)。宋代的张耒、胡宏都对贾谊此论有所批评,如张耒说"如是而取之,必如是而失之。安有以盗贼所以取之,而能以君子之道守之欤"(《柯山集》卷三十五),胡宏说

"贾生谓攻守之势异,非欤? 曰:攻守一道也"(《知言》卷三)。且不论张末、胡宏等人的批评正确与否,但他们都认为贾谊是提倡"攻守二道"的主张的。另外值得注意的是,本文前三段和第四段写秦"仁义不施"的策略时,用词的感情色彩也发生了变化。前三段写秦攻取天下,不管是第一段中用的"拱手而取西河之外"、第二段中用的"因利乘便,宰割天下",还是第三段中用的"振长策而御宇内,吞二周而亡诸侯,履至尊而制六合",这些描述武力的词句极富雄心和气势,带有明显的褒义色彩。而第四段写秦守天下,这时所用描述武力之词如"焚百家之言""隳名城""杀豪杰""销锋镝""以为固""自以为"等词给人自以为是、刚愎自用之感,带有浓烈的贬义色彩。前后感情色彩的变化,笔藏春秋,暗寓褒贬,这也让我们能体会到贾谊"攻守"应该"二道"的思想。

因此,这篇文章的中心观点不能简单地认为是"秦亡于仁义不施",而应理解为:"攻守之势异也",而处于守势的秦仍然"仁义不施",这是秦灭亡的原因。"攻守之势异也"这个条件不能被忽略,一旦忽略就会对文章产生误解。比如孙绍振先生的《雄辩艺术的不朽经典——读〈过秦论〉(上)》(《中华活页文选》教师版2014年第6期)一文中说:"再来看其论述逻辑存在明显的漏洞。文章题旨是总结秦从崛起到灭亡的原因,结论是秦亡于'仁义不施',亡在为政之暴。从逻辑上讲,其兴起乃至统一全国,应该是实施仁政。但是整篇文章论述秦之兴,连仁政的边都沾不上。"这段论述中,孙先生就是忽略了贾谊观点中的条件,简单地将贾谊的观点理解为"秦亡于仁义不施",从而误解了贾谊的逻辑,用自己的逻辑来代替贾谊的逻辑了。因为在贾谊的逻辑中,秦之兴本来就不靠仁政,就得靠武力来征服天下。这和孙先生的逻辑是不一致的。孙先生文章结尾部分说"从文章内容上看,作者的结论'仁义不施,攻守异势'并不全面,似乎,仁政施,则攻成,不施,则守败",这段论述更是将"攻守"这个条件理解成了结果,从而完全误解了贾谊的中心观点。

　　由此可知,贾谊认为秦国在攻天下和守天下时一直延续了"仁义不施"的"先王之道"。那么,学生的疑问就值得思考了:第四段开首怎么会说"废先王之道"呢? 这不是矛盾了吗? 文章的逻辑岂不是存在着明显的漏洞? 从第四段开首的上下文来看,上文三段叙述的都是秦国历代统治者,也就是"先王"们的"仁义不施"的武力之道,第四段从"焚百家之言"开始,叙述的也是秦始皇登峰造极的"愚民之策""弱民之策""防民之策"。显然,秦始皇并没有改变"仁义不施"的政治策略,反而是变本加厉、登峰造极了。那么,如果作者的逻辑无误的话,这里"先王之道"的"道"就不是指"武力之道"或"仁义不施之道"了。

　　细细读来,我们发现,第四段中所写的秦始皇的统治策略,虽然和前三段所写的攻伐策略都是"仁义不施之道",但是两者有一个莫大的不同点,一个是向外拓展疆土,另一个是向内坐享天下。秦始皇统一天下之后,自秦孝公以来的历代统治者那种不断拓展领土的雄心大志在始皇身上已经消弭,他开始修固城池,坐享天下,还自以为是地认为"关中之固,金城千里,子孙帝王万世之业也"。因而,秦统治者进取的心态和姿态都已经随着"天下已定"之后消失殆尽了,这才是所谓的"废先王之道"。因此,所谓的"先王之道"当是指秦历代统治者积极进取的雄心,也就是文章一开首所说的"席卷天下、包举宇内、囊括四海、并吞八荒"的恢弘志向以及向外不断拓展领土的策略,而不是"仁义不施之道"。可以说,"先王之道"已废,但"仁义不施之道"犹存。由此可见,文章的逻辑理路并不存在漏洞,还是非常清晰严密的。

　　因此,《过秦论》一文对秦灭亡原因的论断固然值得探讨,此文中一些史实的引述也明显失当,历来学者对此已有非常详尽的论述;但是这些都不妨碍它依然成为文学史上的不朽经典,本文清晰严密的逻辑思路恐怕就是原因之一。

【附】

过 秦 论

【西汉】贾 谊

秦孝公据崤函之固，拥雍州之地，君臣固守以窥周室，有席卷天下、包举宇内、囊括四海之意，并吞八荒之心。当是时也，商君佐之，内立法度，务耕织，修守战之具，外连衡而斗诸侯。于是秦人拱手而取西河之外。

图1-2-3　贾谊像

孝公既没，惠文、武、昭襄蒙故业，因遗策，南取汉中，西举巴、蜀，东割膏腴之地，北收要害之郡。诸侯恐惧，会盟而谋弱秦，不爱珍器重宝肥饶之地，以致天下之士，合从缔交，相与为一。当此之时，齐有孟尝，赵有平原，楚有春申，魏有信陵。此四君者，皆明智而忠信，宽厚而爱人，尊贤而重士，约从离衡，兼韩、魏、燕、楚、齐、赵、宋、卫、中山之众。于是六国之士，有宁越、徐尚、苏秦、杜赫之属为之谋，齐明、周最、陈轸、召滑、楼缓、翟景、苏厉、乐毅之徒通其意，吴起、孙膑、带佗、倪良、王廖、田忌、廉颇、赵奢之伦制其兵。尝以十倍之地，百万之众，叩关而攻秦。秦人开关延敌，九国之师，逡巡而不敢进。秦无亡矢遗镞之费，而天下诸侯已困矣。于是从散约败，争割地而赂秦。秦有余力而制其弊，追亡逐北，伏尸百万，流血漂橹；因利乘便，宰割天下，分裂山河。强国请服，弱国入朝。

延及孝文王、庄襄王，享国之日浅，国家无事。及至始皇，奋六世之余烈，振长策而御宇内，吞二周而亡诸侯，履至尊而制六合，执敲扑而鞭笞天下，威振四海。南取百越之地，以为桂林、象郡；百越之君，俯首系颈，委命下吏。乃使蒙恬北筑长城而守藩篱，却匈奴七百余里；胡人不敢南下而牧马，士不敢弯弓而报怨。

于是废先王之道，焚百家之言，以愚黔首；隳名城，杀豪杰；收天下之兵，聚之咸阳，销锋镝，铸以为金人十二，以弱天下之民。然后践华为城，因河为池，据亿丈之城，临不测之渊，以为固。良将劲弩守要害之处，信臣精卒陈利兵而谁何。天下已定，始皇之心，自以为关中之固，金城千里，子孙帝王万世之业也。

始皇既没，余威震于殊俗。然陈涉瓮牖绳枢之子，氓隶之人，而迁徙之徒也；才能不及中人，非有仲尼、墨翟之贤，陶朱、猗顿之富；蹑足行伍之间，而倔起阡陌之中，率疲弊之卒，将数百之众，转而攻秦；斩木为兵，揭竿为旗，天下云集响应，赢粮而景从。山东豪俊遂并起而亡秦族矣。

且夫天下非小弱也，雍州之地，崤函之固，自若也。陈涉之位，非尊于齐、楚、燕、赵、韩、魏、宋、卫、中山之君也；锄耰棘矜，非铦于钩戟长铩也；谪戍之众，非抗于九国之师也；深谋远虑，行军用兵之

图 1-2-4　秦始皇像

道，非及向时之士也。然而成败异变，功业相反也。试使山东之国与陈涉度长絜大，比权量力，则不可同年而语矣。然秦以区区之地，致万乘之势，序八州而朝同列，百有余年矣；然后以六合之家，崤函为宫；一夫作难而七庙隳，身死人手，为天下笑者，何也？仁义不施而攻守之势异也。

东风不会压倒西风

——读《病梅馆记》

《病梅馆记》是晚清杰出的思想家龚自珍1839年辞官归隐昆山时所写的一篇小品文。此文借梅喻人,托物言政,批评了清政府压制扼杀人才的制度,表达了改革政治、追求个性解放的强烈愿望。文章短小精悍、寓意深刻,已为时代之先声,深受读者的喜爱,因而也被收入沪教版高一上语文教材之中。教学此文时,有一个学生问了这样一个问题:梅以曲为美、以欹为美、以疏为美,这很正常,为什么说这是病梅呢? 这个学生的疑问其实反映了一部分学生的困惑,因为这与我们日常的审美观念产生了冲突。

图1-3-1 龚自珍雕塑

细读文本,我们就会发现,其实作者龚自珍并没有否定这种审美情趣。作者在第一段开首交代了梅的产地之后就写道:"或曰:'梅以曲为美,直则无姿;以欹为美,正则无景;以疏为美,密则无态。'"在这里,龚自珍用一个"或"字提出世俗一般的意见,当然主要是"文人画士"的看法,这在后一句"此文人画士,心知其意"中"此"字已经表明了。"文人画士"的这种意见,其实也是中国文化中长期以来形成的审美标准,比如看我们熟悉的杜甫诗"巡檐索共梅花笑,冷蕊疏枝半不禁"(《舍弟观赴蓝田取妻子到江陵,喜寄三首》其二),苏轼诗"故作小红桃杏色,尚馀孤瘦雪霜姿"(《红梅》其一),林逋诗"疏影横斜水清浅,暗香浮动月黄昏"(《山园小梅》其一),这些诗中都将梅的"疏""斜""瘦""曲"作为美态。范成大的《梅谱》更是对这种审美加以理论总结:"梅以韵胜,以格高,故以横斜疏瘦与老枝怪奇者为贵。"这种审美情趣一直延续到清朝以至当今,长盛不衰。应该说,这里既有文化品格的寄托,也涌动着自然生命的韵律。因而,我们不能以"封建士大夫病态的审美观"简单地断之。龚自珍在《病梅馆记》中也没有简单否定这种审美情趣。他在提出文人画士对梅的审美情趣之后,紧接着就写了"固也"两字,"固也"即本来就如此之意。"固也"或者说"本来如此"这一判断中,表达的第一层含义就是对这种审美情趣的肯定,因而我们不能武断地说龚自珍认为一切"曲""欹""疏"之梅都是病梅。

但是,"固也"一词中更暗含了一层否定的意思,那就是对文人画士的批评。梅"以曲为美""以欹为美""以疏为美"这本来并没错,然而文人画士希望以此为唯一标准来绳束天下之梅,那就是居心叵测了!"曲""欹""疏"的梅之所以美,正是因为这种"曲""欹""疏"是梅的自然形态,而且是充满着生机的自然形态。一旦这种自然生机消失,美感也将荡然无存。现在,为了满足他们的审美情趣,这些文人画士竟然想要改变梅的自然形态,遏制梅的勃勃生机。因而这已经是一种病态的、扭曲的审美情趣,甚至连文人画士们自己也意识到这是一种"孤癖之隐",不能"明诏大号"。在这种病态的、扭曲的审美情趣的指导下,这些文人画士暗中指使"鬻梅者"对天下之梅进行摧残。作者连续用了三个动词"斫直""删密""锄正"来写鬻梅者对梅的摧残。从字形的角度来看,"斫""删""锄"都带有"斧"或"刀"等利器写出鬻梅者手段之粗暴;从句式来看,三个动词构成极短的句子,一词一顿,表现鬻梅者态度之决然。就这样,"江浙之梅皆病",自然的、健康的、富有生机的梅全变成了病态的梅,或者说变成了符合文人画士病态的审美需求的梅。所以作者在第一段的最后说"文人画士之祸之烈至此哉",梅之祸的根源是文人画士的"孤癖之隐",而并非自然的审美情趣。由此看来,要准确地理解作者龚自珍的看法,这个"固"字含义的解读是关键。只不过,文章在"固"字的后一层含义上发挥较多,让学生误以为作者否定了我们的日常审美经验。

图1-3-2　清宣统元年排印本《定庵文集》书影

　　当然,作者写病梅,不过是借梅喻人,托梅言政,批评清政府对人才的扼杀,疾呼统治者对人才的解放。龚自珍那首著名的《己亥杂诗》"九州生气恃风雷,万马齐喑究可哀。我劝天公重抖擞,不拘一格降人才"和本篇《病梅馆记》可谓互为呼应。值得注意的是,诗中提到的"不拘一格降人才"和《病梅馆记》中透露的人才观也是完全相通的。梅的曲、欹、疏,并不是丑态,只要是自然健康的,恰是美态,同样的,梅的直、正、密,也可以成为一种美态,美是"不拘一格"的。真正的病梅是为了满足某种病态的审美而被改变自然形态、遏制了生机的梅。那么从人才的角度来说,人才也不是一种模式的,千人一面的,而应该是不拘一格的,是自由解放的。正如他在《与人笺五》(《龚自珍全集》,上海人民出版社1975年版)中提到的:"人才如其面,岂不然,岂不然?此正人才所以绝胜。……于是各因其性情之近,而人才成。高者成峰陵,礁者成川流,娴者成阡陌,幽者成蹊径,骏者成泷湍,险者成岣谷,平者成原陆。……皆天地国家之所养也,日月之所照也,山川之所咻也。"既然这样,那么统治者就应该不拘一格地选拔任用人才,而不应该以一种固有的模式来束缚、压制、扼杀人才,妄图使所有人才成为一张面孔、一个模样。如果整个国家和社会只有一种模式的人才,那这个国家必然是死气沉沉,也必然会走向龚自珍所谓的"衰世"了。

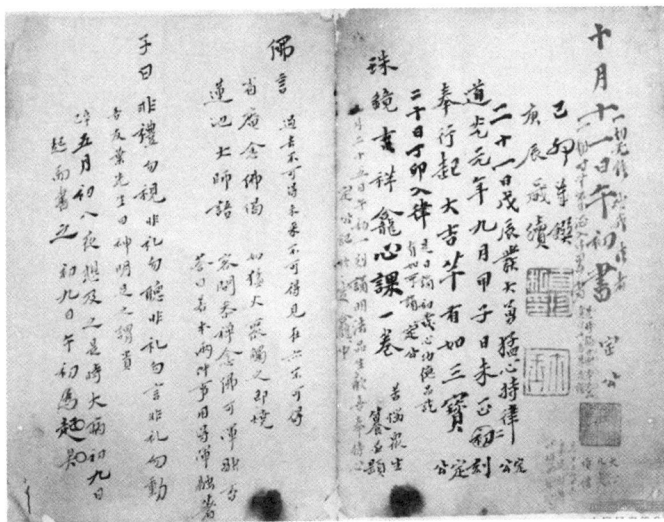

图1-3-3　龚自珍行书珠镜吉祥龛心课册页

　　但是,当时的统治者却正是不遗余力地压制扼杀不符合统治者标准的人才,如他的《乙丙之际箸议之九》(《龚自珍全集》,上海人民出版社1975年版)中指出:"当彼其世也,而才士与才民出,则百不才督之,缚之,以至于戮之。戮之非刀、非锯、非水火,文亦戮之,名亦戮之,声音笑貌亦戮之。……又非一日而戮之,乃以渐,或三岁而戮之,十年而戮之,百年而戮之。"这段文字中反复出现的"戮"字简直触目惊心。而对人才的这种压制与扼杀,龚自珍应该又是有切身感受的。以龚自珍的经历而言,他二十七岁中举,三十八岁中进士,其间他参加了六次会试。第六次会试之时,他"胪举时事,洒洒千余言,直陈无隐,阅卷诸公皆大惊,卒以楷法不中程,不列优等"(吴昌绶《定盦先生年谱》)。可见,具有强烈个性特征的龚自珍显然不是统治者心目中的人才,于是他们卑劣地用他的楷书不符合规范这样的理由压制他。由此我们也能明白《病梅馆记》为什么有那样浓烈的情绪弥漫其中。

总而言之,不管是对梅的审美,还是对人才的选用,"不拘一格""自由解放"才是龚自珍的关键词。梅之曲、欹、疏是美,但若强行改变梅的自由生长的形态而形成的曲、欹、疏便是病。对于人才更是如此,符合统治者标准的可以是人才,自由解放的"不中程"的也可以是杰出人才。因而,读《病梅馆记》,我们切不可以一种简单的思维理解龚自珍的审"梅"观和人才观,不是用另一种模式来否定此一种模式,用东风压倒西风,或者用西风压倒东风。

【附】

病 梅 馆 记

【清】龚自珍

江宁之龙蟠,苏州之邓尉,杭州之西溪,皆产梅。或曰:"梅以曲为美,直则无姿;以欹为美,正则无景;以疏为美,密则无态。"固也。此文人画士,心知其意,未可明诏大号以绳天下之梅也;又不可以使天下之民斫直,删密,锄正,以夭梅病梅为业以求钱也。梅之欹之疏之曲,又非蠢蠢求钱之民能以其智力为也。有以文人画士孤癖之隐明告鬻梅者,斫其正,养其旁条,删其密,夭其稚枝,锄其直,遏其生气,以求重价,而江浙之梅皆病。文人画士之祸之烈至此哉!

予购三百盆,皆病者,无一完者。既泣之三日,乃誓疗之:纵之顺之,毁其盆,悉埋于地,解其棕缚;以五年为期,必复之全之。予本非文人画士,甘受诟厉,辟病梅之馆以贮之。

呜呼! 安得使予多暇日,又多闲田,以广贮江宁、杭州、苏州之病梅,穷予生之光阴以疗梅也哉!

特殊情境之下的一道"算术题"

——谈《陈情表》的说理艺术

《陈 情表》是西晋李密写给晋武帝的一封奏章,收在沪教版高三上学期语文教材之中。李密原是蜀汉后主刘禅的郎官。魏元帝(曹奂)景元四年(263年),司马昭灭蜀,李密沦为亡国之臣。咸熙二年(265年),司马炎废魏元帝,改元泰始,登基称帝,史称"晋武帝"。泰始三年(267年),朝廷采取怀柔政策,极力笼络蜀汉旧臣,征召李密为太子洗马。李密以年迈的祖母供养无主为由,上《陈情表》以明志,要求暂缓赴任。

图1-4-1　司马炎像(唐·阎立本绘《历代帝王图卷》之一)

此次"太子洗马"的征召之前,当朝对李密已有三次推举授命。"前太守臣逵察臣孝廉,后刺史荣举臣秀才",地方前后两次推举,李密都"辞不赴命";"诏书特下,拜臣郎中",中央政府再次授命,李密仍"辞不赴命"。"寻蒙国恩,除臣洗马",中央政府旋即有了这第四次任命。而李密仍"具以表闻,辞不就职"。据此也可得知,李密在此次"辞不就职"时当有一封奏表上达晋武帝,当也会陈述自己"辞不就职"的种种苦衷。但是晋武帝显然非常不满意,《陈情表》中说"诏书切峻,责臣逋慢",可见一斑。晋武帝诏书言辞严厉,作为亡国之余的李密当然惶恐不安,这从《陈情表》中极尽谦卑的措辞就可看出,如短短的一篇不足 500 字的奏表中用了足足 25 个"臣"字来自称,向晋武帝强化自己的忠心,"亡国贱俘""犬马"等自称更是"至微至陋"。而这封奏章上达之后,竟然使天颜大开,转怒为霁。《晋书·李密传》(中华书局 1974 年版)记载:"武帝览之曰:'士之有名,不虚然哉!'"常璩等撰的《华阳国志》(齐鲁书社 2010 年版)载:"嘉其诚,赐奴婢二人,使郡县供其祖母奉膳。"

这封奏章之所以能够打动晋武帝,使得晋武帝一改天颜,除了恳切谦卑的言辞之外,应该有更重要的其他因素藏在其中。如若对文章做些细致的梳理,其实也不难窥见其中一二。

文章第一段中作者铺叙了自己凄惨的人生经历:出生六月父亲去世,四岁母亲改嫁,九岁还不能行走,没有叔伯兄弟,没有远近亲属,唯有祖母含辛茹苦将自己抚养成人。作者以如此浓重的笔墨渲染自己的惨境,无非是想先声夺人,博取晋武帝的同情。基于这样的叙述,作者在第二段中极力渲染了自己在朝廷多次征召之下效忠与尽孝之间的艰难处境。值得注意的是,作者在这段之中做了一次巧妙的矛盾转化。本应是征召和辞谢、皇帝意愿和个人意志之间矛盾,作者却巧妙地将之转化为个人内心之中的挣扎。第二段中,作者写到朝廷的征召之时,以连续的峻急的四字句铺叙,集中突出了当时情势之"急",正如文中所说的"急于星火"。而这个"急"字恰恰也传达出作者内心的心理:大量地叙写朝廷对自己的多次征召,这是作者向晋武帝表明自己很感激朝廷的赏识与重用,自己是急于报答朝廷之恩。就这样,作者微妙地将自己置身于十分痛苦的内心挣扎之中,用文中的话说,正是"臣之进退,实为狼狈"。

　　由此看来,文章的第一、二段,作者试图以一种"诉衷情"的方式打动晋武帝。但是要以情动人,诉说者的"情真意切"并不是充分条件,倾听者的接受情境更是值得注意的必要条件。李密上书《陈情表》的那一年,对晋武帝来说也是一个比较特别的年份。据《陈情表》中说"臣密今年四十有四",而李密出生在公元 224 年,因而《陈情表》当写作于公元 268 年。而公元 268 年,恰恰是晋武帝司马炎的母亲王元姬去世之年。《晋书》(中华书局 1974 年版)载:"(泰始四年)三月戊子,皇太后王氏崩。"因而,可以断定《陈情表》的上奏正是在晋武帝母亲王元姬去世的前后。而这个非常巧合的情境是理解文章抒情效果的关键。据《晋书》记载,王元姬和晋武帝都是以孝闻名的。在《晋书·列传第一·后妃传》中记载王元姬的文字共 280 字,短短的篇幅之中足有三处谈及她的孝顺。九岁母亲生病之时,王元姬"扶侍不舍左右,衣不解带者久之";祖父王朗去世之时,王元姬"哀戚哭泣,发于自然";父亲王肃去世之时,王元姬"身不胜衣,言与泪俱"。而在家庭的影响之下,晋武帝对这位孝顺的母亲也是非常孝顺的。太后一般有卫尉、太仆两级官员,晋武帝给自己的母亲增加少府一级官员以示孝意。为了表达对母家的情感,他追封外祖母为县君,封外曾祖母杨氏、姨母刘氏和郑氏为乡君。另外,当母亲王元姬去世之后,晋武帝还坚持为她守孝三年,下诏称"受终身之爱而无数年之报,情所不忍也"。这些举动固然有政治上的考虑,确也是真情的流露。因而,在这个特殊的情境之下,当然我们已无法考证出晋武帝是在王太后重病之时,还是在王太后去世之后看到这篇奏章的,但无论以上哪种情境,一个孝子看到另外一个孝子写的一篇情谊深厚的"孝"文,再想到自己母亲的情形,心中不免格外要有所触动的,哪怕他是帝王! 换句话说,这篇《陈情表》之所以能让晋武帝转怒为霁,这跟上书之时晋武帝的心境是有很大关系的。这也能部分解释:为什么李密的第一封陈情奏章虽然"具以表闻",遭到斥责;而这封奏章虽无更多信息增加,却赢得了晋武帝的赞誉?

图 1 - 4 - 2 (元)赵孟頫书《陈情表》拓片

当然,在这个易代的敏感时刻,李密拒绝任命,若仅靠情意打动皇帝,那是远远不够的。缜密的逻辑,才是背后真正的力量。文章前两段作者只是陈述了自己处于两难的境地,但是他终究还是选择了尽孝,而放弃了尽忠。怎么向晋武帝解释这个选择,才是问题的根本。作者在第三、第四段中即以强大的逻辑巧妙地解释了选择尽孝的缘由。

首先,作者指出了"忠孝的统一性"。尽孝其实是效忠的一种方式,因为晋朝统治者强调"孝"是立国之本,最高统治者也亲身实践着这一建国大略,所以作者自己的尽孝不过是响应着朝廷的号召,这正是尽忠的一种表现。李密还担心不能消除晋武帝的疑虑,进一步自我贬抑,说自己"本图宦达,不矜名节"。自己效忠的条件只是得到赏识和知遇,那么"圣朝"对自己的"过蒙拔擢,宠命优渥",自己自然誓死效忠了。只不过,自己效忠是以尽孝的方式实现的,因为孝和忠是统一的。

其次,作者进一步指出了"尽孝的排他性"。如果我们从祖母的角度去解读文章第一段的话,会发现李密的祖母也是一个命运多舛的妇女。她中年丧夫,老年丧子,用现在的话说是一个"失独"的寡妇。接着儿媳改嫁,她独力抚养体弱多病的孙子长大成人。因而,对于年迈的祖母而言,李密是她唯一的依靠,没有其他任何依靠的力量,正如文章中所说的"臣无祖母,无以至今日;祖母无臣,无以终余年。母孙二人,更相为命"。这里面还隐藏着一层比较,在晋武帝跟前效忠的人非常多,其实少李密一个也并不少,而能在祖母跟前尽孝的人只有作者李密一个。两相权衡,"不能废远",先尽孝情。因此,"尽孝的排他性"成为作者选择尽孝的很重要的理由。

最后,作者提出第三条理由,"尽孝的紧迫性"。李密说祖母已经九十六岁了,而且"气息奄奄,人命危浅,朝不虑夕",因而报答祖母恩情的时间已经很少了;而自己才四十四岁,陛下也富于春秋,因而效忠陛下的时间还很长。作者以一个精妙的算术暗示晋武帝,自己的选择是因为"尽孝的紧迫性",短时间的尽孝之后会有长时间的尽忠。

总而言之,三条理由"忠孝的统一性""尽孝的排他性""尽孝的紧迫性"构成了一条完整而严密的逻辑链。正是以这样缜密的逻辑,就像解答一道算术题一样,解释了作者暂时尽孝的选择,也圆满地解决了"忠孝不能两全"的难题。

《陈情表》一文常被我们作为抒情文的典范,其抒情性一直以来得到了充分的肯定。"读诸葛孔明《出师表》而不堕泪者,其人必不忠,读李令伯《陈情表》而不堕泪者,其人必不孝"(南宋赵与时在其著作《宾退录》中引安子顺之语),这样的说法也广为流传。但是,容易让人忽视的是,这篇文章之所以能打动晋武帝,除了言辞的恳切真诚,特殊的情境和缜密的逻辑才是背后更为重要的两个因素。

【附】

陈　情　表

【西晋】李　密

臣密言:臣以险衅,夙遭闵凶。生孩六月,慈父见背;行年四岁,舅夺母志。祖母刘悯臣孤弱,躬亲抚养。臣少多疾病,九岁不行,零丁孤苦,至于成立。既无伯叔,终鲜兄弟,门衰祚薄,晚有儿息。外无期功强近之亲,内无应门五尺之僮,茕茕孑立,形影相吊。而刘夙婴疾病,常在床蓐,臣侍汤药,未曾废离。

　　逮奉圣朝,沐浴清化。前太守臣逵察臣孝廉,后刺史臣荣举臣秀才。臣以供养无主,辞不赴命。诏书特下,拜臣郎中,寻蒙国恩,除臣洗马。猥以微贱,当侍东宫,非臣陨首所能上报。臣具以表闻,辞不就职,诏书切峻,责臣逋慢;郡县逼迫,催臣上道;州司临门,急于星火。臣欲奉诏奔驰,则刘病日笃,欲苟顺私情,则告诉不许:臣之进退,实为狼狈。

　　伏惟圣朝以孝治天下,凡在故老,犹蒙矜育,况臣孤苦,特为尤甚。且臣少仕伪朝,历职郎署,本图宦达,不矜名节。今臣亡国贱俘,至微至陋,过蒙拔擢,宠命优渥,岂敢盘桓,有所希冀。但以刘日薄西山,气息奄奄,人命危浅,朝不虑夕。臣无祖母,无以至今日;祖母无臣,无以终余年。母孙二人,更相为命,是以区区不能废远。

图1-4-3　李密孝祖文意图

　　臣密今年四十有四,祖母今年九十有六,是臣尽节于陛下之日长,报养刘之日短也。乌鸟私情,愿乞终养。臣之辛苦,非独蜀之人士及二州牧伯所见明知,皇天后土,实所共鉴。愿陛下矜悯愚诚,听臣微志,庶刘侥幸,保卒余年。臣生当陨首,死当结草。臣不胜犬马怖惧之情,谨拜表以闻。

不平之气的化解与超越
——读《黄州快哉亭记》

　　苏辙的《黄州快哉亭记》作于元丰六年(1083 年),是古文经典名篇,被收入沪教版语文教材高一下学期。全文擒住"快"字生发,抒发了不以个人得失为意的旷达情怀,道出了一条千古不易的人生哲理:使其中坦然,不以物伤性,将何适而非快? 而教学此文时,学生却提出了一个疑惑:文中提出"内心坦然,无往不快"的道理,但是怎么总感觉文中隐隐透露出一股不平与牢骚之气呢?

　　应该说学生的感觉是有道理的。试看文章第二段的景物描写:

　　盖亭之所见,南北百里,东西一舍。涛澜汹涌,风云开阖。昼则舟楫出没于其前,夜则鱼龙悲啸于其下,变化倏忽,动心骇目,不可久视。今乃得玩之几席之上,举目而足。西望武昌诸山,冈陵起伏,草木行列,烟消日出,渔夫樵父之舍,皆可指数:此其所以为快哉者也。至于长洲之滨,故城之墟,曹孟德、孙仲谋之所睥睨,周瑜、陆逊之所骋骛,其流风遗迹,亦足以称快世俗。

　　此段景物描写分成两部分:前半部分为登亭揽胜所见之实景;后半部分是凭吊往古想象之虚景。所写实景,开阔悲壮、雄奇变幻,似乎和平静安闲的旷达之情并不相符。细而言之,"涛澜"是汹涌澎湃的,"风云"是开合变幻的;"舟楫"冒险于汹涌之涛澜中,"鱼龙"悲啸于澎湃的江流中;"冈陵"逶迤起伏,"草木"成行成列。作者描写的这些景物都

图 1-5-1　芥子园画传　仿米元章山水

呈现一种峻急的动态,皆点染着一种悲壮的色彩。这确实与平静安闲的心情是不相合的,字里行间恰恰流露出一种内心的不平与郁闷。王国维在《人间词话》(北京联合出版公司 2015 年版)中说:"昔人论诗词,有景语、情语之别。不知一切景语,皆情语也。"其实,"一切景语皆情语",何止诗词如此!散文中的景物描写,大多也是经过作者情感的陶铸。因而看上去是实景,其实往往是经过作者选择和加工过的实景。正如作者在文章第三段中所说的,在快哉亭上能看到的景物可以是让人安适的"长江之清流""西山之白云",也可以是让人悲伤的"连山绝壑""长林古木",这都在于观景之人内心的心境了。内心坦然,自然就可以"濯长江之清流""揖西山之白云";内心悲伤,自然看到就是清风振长林和明月照古木了。以这样的角度来反观作者第二段的描写,作者不写"长江清流"却写"涛澜汹涌",不写"西山白云"却写"风云开阖"。这是不是说明作者的内心并非那么"坦然",而是有些"不平"的呢?

再看第二段后半部分的虚景。作者以高度简洁而概括的笔调描述了那场著名的"赤壁之战"。曹操、孙权、周瑜、陆逊这些英雄人物曾经在这里驰骋疆场、建功立业。写曹操和孙权的时候,作者用了"睥睨"一词,写出了两位雄主傲视一世、志在必得的神情;写周瑜和陆逊的时候,作者用了"骋骛"一词,表现了两位英雄自由奔走的情态。这两个词都暗含了"畅快"的意味,以至于这样的"流风遗迹",仍被后世之人仰慕艳羡,称快不已。但是,这样的快乐,远的来说是属于古代建功立业的英雄们的;近的来说,是属于渴望钦慕建功立业的世俗之人的,即作者所说的"亦足以称快世俗";唯独不属于失意遭贬的苏辙兄弟们。因而,当作者写到此地"称快世俗",而将自己与遭贬的兄弟朋友们排除在外,这是不是隐含着一些遭受贬谪的失意和不平呢?

从苏辙兄弟的经历来看,此时苏辙心中有些不平与失意也实属人之常情。宋神宗元丰二年(1079 年)八月,苏轼因"乌台诗案"下狱,十二月被贬黄州,任黄州团练副使。其间,苏辙上书营救,奏请纳官以赎兄长之罪,因而被贬"监筠州盐酒税"。同时,文章中提及的张梦得,苏轼、苏辙的密友,也因过被贬谪居黄州。而所谓的"乌台诗案"则完全是政治迫害的文字狱。苏轼、苏辙兄弟心生不平之气自是难免的,这在他们的其他诗文中也多有流露,比如苏轼约作于元丰三年(1080年)的《西江月》中的"世事一场大梦,人生几度秋凉",比如苏轼作于元丰五年(1082年)的《卜算子·黄州定惠院寓居作》中的"拣尽寒枝不肯栖,寂寞沙洲冷"等句都有或隐或显的流露。学生对此也颇为熟悉。

图 1 - 5 - 2　苏辙像

因此,这样看来,学生是察觉到了文章背后一些隐藏着的信息的,感受到了文中字里行间流露出来的不平和失意。但更为重要的是,我们要让学生明白,作者苏辙并没有被内心这种不平与失意所遮蔽。恰恰相反,作者努力在化解、超越心中的不平与失意。这又是苏辙和一般的失意文人不一样之处,也是其不凡之处。

仍以第二段中的景物描写为例,固然作者描绘了悲壮变幻之景,流露出了内心的不平,但是作者始终试图以一种强大的精神力量来掌控外物,来获得一种快感。比如面对如此波谲险峻"动心骇目"之景,作者说"今乃得玩之几席之上"。"几席之上"已可见作者态度之轻松随意,"玩"字更足见作者全然轻易的掌控。同样的,面对极远处的目力之外的"渔父樵夫之舍",作者说"皆可指数",可以一一指点,这显现的也是一种超越常人能力的精神力量。正是在这样努力地掌控之中,作者感受到了一种快乐,所以写完这段景物之后,作者说"此其所以为快哉者也"。

而这种对外物的"掌控"而获得的快乐,从本质上来说,恰是来自于对自我的战胜,对失意和不遇的超越。因为眼前的"动心骇目"之景其实是内心心境的外化,而内心心境当然又和自身的遭际密切相关。掌控了"动心骇目"之景,某种程度上意味着战胜了自身遭际的不顺和内心的失意。既然如此,那么就足以"快哉"了。而掌控外物、实现超越的精神力量又来自哪里?第三段中,作者就给出了答案。第三段开头引用了"快哉"的典故,指出楚襄王感到"快哉此风"的原因是他得意的心境,而跟风没有关系。于是作者悟出这样的哲理:真正的快乐来自于人的内心,假使你的内心是"坦然"的,"不以物伤性"的,是超越外在处境的,那么,你在任何处境中都会感到快乐,你看到的任何景物都会使你快乐!"内心坦然"正是对掌控外物、实现超越的精神力量之源。

　　而有趣的是,当内心真正实现了对境遇的超越之后,心中的不平之气化解了,外在的景物也呈现出了不一样的面目。这时,心中的快哉亭之景,就不再是"连山绝壑,长林古木,振之以清风,照之以明月",而是"濯长江之清流,挹西山之白云"了。那种汹涌激荡的涛浪,变化开阖的风云,在心中消失了,取而代之的是"一千顷,都镜净,倒碧峰"(苏轼《水调歌头·黄州快哉亭赠张偓佺》)。

　　由此来看,文章前后两次写到江流和风云,前一次写"涛澜汹涌,风云开阖",后一次写"长江之清流"和"西山之白云"。江流是同样的江流,白云也是同样的白云,前后两次描写却截然不同,一则激荡,一则安闲。与其说这是在快哉亭上看到的景色本就具备的万千变化,不如说是作者的心境在写作过程中发生了变化。快哉亭上望到的景物由激荡变成了安闲,作者心中的不平之气也在慢慢地被化解与超越。文章展现的正是这个化解与超越的过程。

【附】

黄州快哉亭记

【宋】苏　辙

　　江出西陵,始得平地,其流奔放肆大。南合沅、湘,北合汉沔,其势益张。至于赤壁之下,波流浸灌,与海相若。清河张君梦得谪居齐安,即其庐之西南为亭,以览观江流之胜,而余兄子瞻名之曰"快哉"。

图1-5-3　快哉亭(沈岩　绘)

　　盖亭之所见,南北百里,东西一舍。涛澜汹涌,风云开阖。昼则舟楫出没于其前,夜则鱼龙悲啸于其下。变化倏忽,动心骇目,不可久视。今乃得玩之几席之上,举目而足。西望武昌诸山,冈陵起伏,草木行列,烟消日出,渔夫樵父之舍,皆可指数:此其所以为快哉者也。至于长洲之滨,故城之墟,曹孟德、孙仲谋之所睥睨,周瑜、陆逊之所骋骛,其流风遗迹,亦足以称快世俗。

　　昔楚襄王从宋玉、景差于兰台之宫,有风飒然至者,王披襟当之,曰:"快哉此风!寡人所与庶人共者耶?"宋玉曰:"此独大王之雄风耳,庶人安得共之!"玉之言盖有讽焉。夫风无雌雄之异,而人有遇不遇之变;楚王之所以为乐,与庶人之所以为忧,此则人之变也,而风何与焉?士生于世,使其中不自得,将何往而非病?使其中坦然,不以物伤性,将何适而非快?今张君不以谪为患,窃会计之余功,而自放山水之间,此其中宜有以过人者。将蓬户瓮牖,无所不快;而况乎濯长江之清流,揖西山之白云,穷耳目之胜以自适也哉!不然,连山绝壑,长林古木,振之以清风,照之以明月,此皆骚人思士之所以悲伤憔悴而不能胜者,乌睹其为快也哉!

　　元丰六年十一月朔日,赵郡苏辙记。

"目见耳闻"有或无
——读《石钟山记》

《石钟山记》是苏轼的山水游记名文,作于元丰七年(1084)六月苏轼自黄州赴汝州途中。沪教版高二下语文教材收有此文,深受师生的喜爱。其实这篇虽名为"记"的文章重点并不在记游,而在于对石钟山得名缘由的考辨,是一篇辩驳色彩浓郁的游记。教学此文的过程中,有几位学生提出了一个问题:文章记游石钟山并考证了石钟山得名的缘由,由此阐发了"事不目见耳闻,而臆断其有无,可乎"的人生哲理。但是李渤乃至寺中小童都有亲身实践、"目见耳闻",怎么能说他们是臆断呢?这显然是一个好问题。

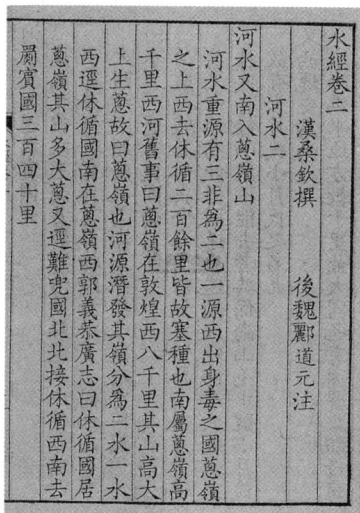

沪教版教材的选文中,将"事不目见耳闻,而臆断其有无,可乎"一句置于第三段之首,似乎总领这段内容。因为这段的后面部分阐述了石钟山得名缘由不传的原因:郦道元的记述太简单,士大夫不肯夜泊绝壁之下故而不知,渔工水师不能用文字表述,还有陋者"以斧斤考击而求之"而不能得到事情的真相。粗看起来,这前后应该是总分关系。但细细推敲,就会产生同学生们一样的疑惑,其实不管是李渤、寺中小童,还是渔工水师,甚至

图 1 - 6 - 1　郦道元《水经注》(清群玉书堂精刻本)

是士大夫们都有"目见耳闻",怎么能说他们是臆断呢？相反，倒是与苏轼看法相同的郦道元却不是"目见耳闻"而得出判断的。因为郦道元生活的时代是北魏中后期，当时南朝处于齐梁时代，南北对峙，常有攻伐。官任北魏刺史的郦道元主要活动在中国北方地区，他根本没有到过长江以南的石钟山，他对石钟山的注文也不过是依据当时已有的材料编纂而成。纪昀、陆锡熊、孙士毅在《钦定四库全书总目·史部二十五·地理类二·水经注》卷六十九中这样评述"后魏郦道元"："至塞外群流，江南诸派，道元足迹皆所未经。"因此要说"臆断"的话，恐怕郦道元比李渤等人更具嫌疑。那么作者苏轼这里的"臆断"是针对谁而言的呢？

翻阅《古文观止》（中华书局1959 年版），吴楚材、吴调侯对此句的批注值得注意："人谓石置水中不能鸣，盖臆断耳。"吴氏认为这一句是呼应第一段中"是说也，人常疑之"。这段中提到有人怀疑：把钟磬放在水中，即使是大风浪也不能使之发出声音，更何况是石头呢？那么，苏轼就用自己的亲身实践和"耳闻目见"破除了这种怀疑，指出这些怀疑郦道元说法的人列出的理由不过是"臆断"而已。可见，这样理解"臆断"一句更符合上下文的语境，吴氏的说法可谓

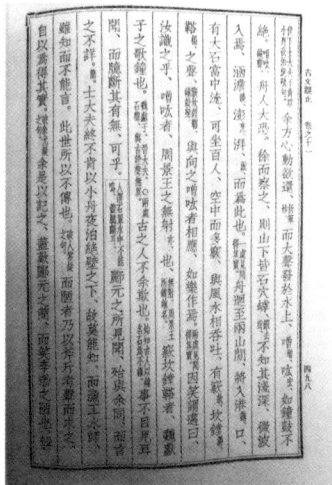

图1-6-2 《古文观止》书影（中华书局1959 年版）

确论！如果将吴氏的说法再做些拓展，那么我们会发现"事不目见耳闻，而臆断其有无，可乎"一句，其实紧承着沪教版教材选文第二段最后一句"古之人不余欺也"。因为此句中的"古之人"明显指的是"郦道元"，表明作者经过一番考证之后赞同郦道元的说法，这是呼应第一段中的"郦元以为下临深潭，微风鼓浪，水石相搏，声如洪

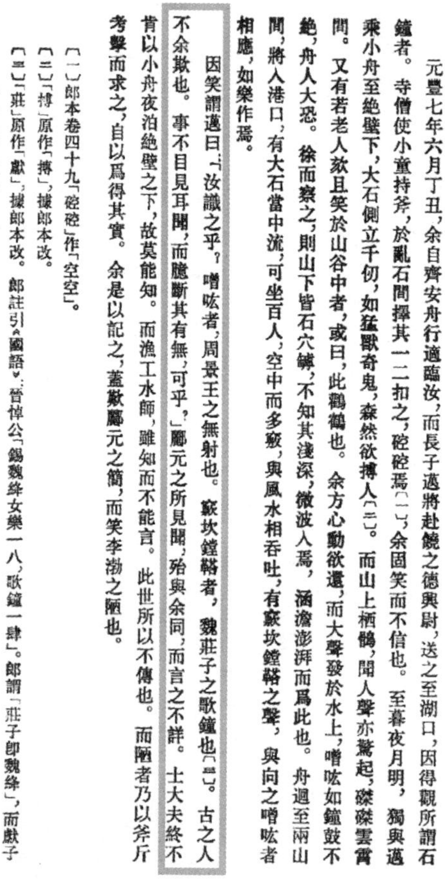

有聲者，所在皆是也，而此獨以鐘鳴，何哉？

元豐七年六月丁丑，余自齊安舟行適臨汝，而長子邁將赴饒之德興尉，送之至湖口，因得觀所謂石鐘者。寺僧使小童持斧，於亂石間擇其一二扣之，硿硿焉[一]。余固笑而不信也。至暮夜月明，獨與邁乘小舟至絕壁下，大石側立千仞，如猛獸奇鬼，森然欲搏人[二]。而山上棲鶻，聞人聲亦驚起，磔磔雲霄間。又有若老人欬且笑於山谷中者，或曰，此鸛鶴也。余方心動欲還，而大聲發於水上，噌吰如鐘鼓不絕，舟人大恐。徐而察之，則山下皆石穴罅，不知其淺深，微波入焉，涵澹澎湃而爲此也。舟迴至兩山間，將入港口，有大石當中流，可坐百人，空中而多竅，與風水相吞吐，有窾坎鏜鞳之聲，與向之噌吰者相應，如樂作焉。

因笑謂邁曰：「汝識之乎？噌吰者，周景王之無射也。窾坎鏜鞳者，魏莊子之歌鐘也[三]。古之人不余欺也。」

事不目見耳聞，而臆斷其有無，可乎？酈元之所見聞，殆與余同，而言之不詳。士大夫終不肯以小舟夜泊絕壁之下，故莫能知。而漁工水師，雖知而不能言。此世所以不傳也。而陋者乃以斧斤考擊而求之，自以爲得其實。余是以記之，蓋歎酈元之簡，而笑李渤之陋也。

[一]郎本卷四十九，「硿硿」作「空空」。
[二]「搏」，原作「搏」，據郎本改。
[三]「莊」，原作「獻」，據郎本改。郎註引《國語》：「晉悼公……錫魏絳女樂一八，歌鐘一肆」。郎謂「莊子卽魏絳」，而獻子乃絳之子魏舒。

卷十一 記

三七一

图1-6-3 孔凡礼先生点校的《苏轼文集》书影（中华书局1986年版）

钟"之句。因而，"古之人不余欺也"和"事不目见耳闻，而臆断其有无，可乎"两句是不可分离地紧密相连着，也是严密地呼应着文章的开头部分。这样看来，"事不目见耳闻，而臆断其有无，可乎"一句应是苏轼"笑谓迈曰"话语中的一部分。而沪教版教材中的选文将这句话点在苏轼的话语之外，并另起一段作为第三段的开首，显然是有误的。经查，使用范围更广的人教版高中语文教材必修第三册第五单元也收有此文,在此处做了与沪教版教材选文一样的句读分段处理。不知这样的处理据何版本? 两本教材的选文在注释中都标明文章选自《苏东坡全集》,但并未标明属何本或相关出版信息,不知是经当代人点校过的版本,还是由教材编者据 1936 年世界书局版的《苏东坡全集》为底本自行点校的。而中华书局 1986 年版由孔凡礼先生点校的《苏轼文集》中的《石钟山记》就是将"事不目见耳闻,而臆断其有无,可乎"一句点入苏轼对苏迈说的话之中的。这个问题其实不仅关乎这两句话之间的意脉,也关乎对全文的结构和主旨的理解,因而不能忽视。

从全文结构而言,文章第一部分中作者记述了郦道元和李渤的两种说法,并分别分析了其中的疑点所在。值得注意的是,对这两种说法的怀疑,作者分别用"人常疑之"和"余尤疑之"来表述。在"常"和"尤"的用词的区别上,我们也能隐约感受到作者的态度。对这两"疑",作者在第二部分中分别用两"笑"来释疑。首先是"余固笑而不信也",对李渤的说法进行证伪,照应第一部分中的"余尤疑之"。前句"寺僧使小童持斧,于乱石间择其一二扣之,硿硿焉",正是用自己的亲身经历证实自己的怀疑"石之铿然有声者,所在皆是也"。这样,作者用一笑就消解了一疑。然后作者夜游石钟山,对石钟山进行了一番深入的考察,得出了与郦道元相似的看法。此时作者用"因笑谓迈曰",

图 1-6-4 石钟山(陆俨少 绘)

破除了"人常疑之"。其中"噌吰者,周景王之无射也;窾坎镗鞳者,魏庄子之歌钟也。古之人不余欺也"之句正是回应了第一段郦道元"水石相搏,声如洪钟"的说法,而"事不目见耳闻,而臆断其有无,可乎"回应了"是说也,人常疑之",指出了"人"的怀疑只不过是"臆断"罢了,并没有根据。这样,作者用第二笑消解了第二疑,证实了《水经注》的说法。因此看来,"两笑"破"两疑",作者的文笔看似一路迤逦,行止自然,但是却有草蛇灰线,甚至一一对应,极为严密。因而"事不目见耳闻,而臆断其有无,可乎"一句应该说是"第二笑"中极为重要的一环,应该归入苏轼对儿子苏迈的话语中去。

进一步来看,既然"事不目见耳闻,而臆断其有无,可乎"一句只是"第二笑"中的一环,那么它在全文中的地位就要比我们原以为的要大大地减弱了。虽然作者从这次石钟山夜游中流露出了要"目见耳闻"、不可臆断的看法,但是这却不是全文所主要表达的思考。以往的教学中,根据教材中此句的特殊位置,我们往往会以为,这一段是在上面记游考证的基础上说理,提出要"目见耳闻,不可臆断"的看法,甚至将此句作为全文的主旨句来看待,沪教版教材教参的"课文导读"中就说"第3段抒发感叹,推出全文中心:'事不目见耳闻,而臆断其有无,可乎'",这显然是有误的,无意中拔高了此句在全文结构中的作用。其实,文章的结尾段在总结了石钟山得名缘由不传的原因之后,写道"余是以记之,盖叹郦元之简,而笑李渤之陋也",这里已经非常明确地表达了作者的写作此文的意图,无非是感叹郦道元表述的简略,嘲讽李渤行事的浅陋。因而,苏轼的这篇《石钟山记》就是一篇以考辨石钟山得名缘由、得出石钟山得名真相为中心的文章,固然这其中能反映出苏轼注重调查研究的实事求是的精神,也流露出作者对"耳闻目见以得真相"的思考,但这并不是文章的主旨。

如此看来,学生的一个小疑问,看似只不过是文中一句话的句读分段问题,其实关乎全文结构的精确把握和文章中心的重新理解,因而恰是一个不宜忽视的大问题。因此,对待古人文章的点校工作,我们要千万慎重!

【附】

石钟山记

【宋】苏 轼

《水经》云:"彭蠡之口有石钟山焉。"郦元以为下临深潭,微风鼓浪,水石相搏,声如洪钟。是说也,人常疑之。今以钟磬置水中,虽大风浪不能鸣也,而况石乎!至唐李渤始访其遗踪,得双石于潭上,扣而聆之,南声函胡,北音清越,桴止响腾,余韵徐歇。自以为得之矣。然是说也,余尤疑之。石之铿然有声者,所在皆是也,而此独以钟名,何哉?

元丰七年六月丁丑,余自齐安舟行适临汝,而长子迈将赴饶之德兴尉,送之至湖口,因得观所谓石钟者。寺僧使小童持斧,于乱石间择其一二扣之,硿硿焉。余固笑而不信也。至莫夜月明,独与迈乘小舟,至绝壁下。大石侧立千尺,如猛兽奇鬼,森然欲搏人;而山上栖鹘,闻人声亦惊起,磔磔云霄间;又有若老人咳且笑于山谷中者,或曰此鹳鹤也。余方心动欲还,而大声发于水上,噌吰如钟鼓不绝。舟人大恐。徐而察之,则山下皆石穴罅不知其浅深,微波入焉,涵淡澎湃而为此也。舟回至两山间,将入港口,有大石当中流,可坐百人,空中而多窍,与风水相吞吐,有窾坎镗鞳之声,与向之噌吰者相应,如乐作焉。因笑谓迈曰:"汝识之乎?噌吰者,周景王之无射也;窾坎镗鞳者,魏庄子之歌钟也。古之人不余欺也!"

图 1 - 6 - 5　石钟山

　　事不目见耳闻,而臆断其有无,可乎?郦元之所见闻,殆与余同,而言之不详;士大夫终不肯以小舟夜泊绝壁之下,故莫能知;而渔工水师虽知而不能言。此世所以不传也。而陋者乃以斧斤考击而求之,自以为得其实。余是以记之,盖叹郦元之简,而笑李渤之陋也。

图 1 - 6 - 6　苏轼游览石钟山路线图(杨赤宇、罗书生作)

陆游叹的是什么"气"

——《书愤》中"气"的解读

陆　游的《书愤》一诗收入沪教版语文高一下教材中,虽是唯一
　　一首入选的陆游诗,但却是一首能反映陆游思想和诗风的
典型诗歌,因而引导学生细读此诗颇有意义。教授此诗时,学生对
沪教版教材下"气如山"的注释提出了质疑:文下注为"积愤如山之
重",将"气"理解为"悲愤",似乎与上下文的文气不合。

　　查上海古籍出版社 2005 年版钱仲联的
《剑南诗稿校注》,此书对"气如山"的注释
为"《三国志》卷四七《吴书·吴志传》:《江
表传》载,权怒曰……近为鼠子所前却,令人
气涌如山"。以这个注释来看,引用孙权的
这条"气涌如山"的语例,此书似乎将"气"
解为"怒气"。再查巴蜀书社 1990 年版张永
鑫的《陆游诗词选译》中的白话译文,将"中
原北望气如山"一句译为:我常常北望那中
原大地,热血沸腾啊怨气如山啊。可见,此
书将"气"字理解为"怨气"。而上海辞书出
版社的《宋诗鉴赏辞典》(2013 年 8 月版)一

图 1 - 7 - 1　陆游像

书中也有关于《书愤》的鉴赏文字,为何满子先生所写,其中对"早
岁那知世事艰,中原北望气如山"一联的解释为:当时他亲临抗金
战争的第一线,北望中原,收复故土的豪情壮志,坚定如山。此文
将"气"理解为"豪气"。由此可见,对这个"气"的理解确实存在着
不同的看法,但大概还是"悲愤"和"豪气"两种解读,而学生能在此
处产生怀疑,恰是阅读深入的一种表现。那么,哪种解释更为合理

呢？恐怕还得细细地梳理文本。

　　其实，如何理解这个"气"，关键得明白"中原北望"的情境。若"中原北望"是实境，因为这是陆游淳熙十三年(1186年)春写于山阴(今浙江绍兴)的一首诗，在山阴北望中原也是可能的，那么，"气"字理解为"积愤之气"更为妥当。作此诗之时，陆游年六十一，遭给事中赵汝愚弹劾后在故乡山阴蛰居已有近六年之久，但是陆游内心的那种"中原未定、报国欲死"的信念从来没有间断过。因而他的内心始终积聚着壮志难伸的郁愤之情。

图1-7-2　古大散关

　　若"中原北望"是虚境，因为此诗起笔"早岁那知世事艰"是一种回忆的笔调，因而"中原北望"也可能是虚境，是回忆之境，那么，"气"字理解为"豪气"更为妥当。因为据下文来看，首句中"早岁"当指作者绍兴三十二年(1162年)三十七岁在镇江府任通判和乾道八年(1172年)四十七岁在南郑任王炎幕僚这十年的军旅生活。而在这十年中，作者深入战争前线，出生入死。曾有一次，他在夜间骑马过渭水，后来追忆此事，写下了"念昔少年时，从戎何壮哉！独骑洮河马，涉渭夜衔枚"(《岁暮风雨》)的诗句；他曾几次亲临大散关前线，后来也有"我曾从戎清渭侧，散关嵯峨下临贼。铁衣上马

蹴坚冰,有时三日不火食"(《江北庄取米到作饭香甚有感》)的诗
句。"从戎何壮哉""我曾从戎清渭侧",在这些诗句中,我们能充分
感受到作者那种报国杀敌的豪壮之气。因而,"中原北望"若是对
早年的回忆,那么"气"应为"豪气"无疑。

　　但是从全诗的脉络来看,"中原北望"理解为虚境更为妥当。
首先,从首联的内部结构来看,"豪气如山"正是对"早岁那知世事
艰"的解释。早年的时候对世事的艰难估计不足,当然是指对恢复
中原的困难估计不足。不知坚定最高统治者恢复的决心的困难,
不知朝内小人阻碍力量强大的困难。这当然是激愤之语。那么这
种"不知"是如何表现的呢? 第二句"中原北望气如山"正是很好的
诠释。当初以为只要怀着一片赤诚之心,抱着如山般的壮志豪情,
就能北定中原、恢复国家。现在看来是多么的幼稚! 因而,如此理
解,首联两句之间的意脉就非常连贯;但是若将"中原北望"理解成
实境的话,一句虚一句实,意脉就断开了。

　　其次,从首联颔联的联系来看,颔联展现的场景又正是首联中
"豪气如山"的具体描绘。颔联所描绘的场景,是陆游一生中最波
澜壮阔的图景,也是他最引为自豪的一段经历。值得注意的是,颔
联中用列锦的手法,选择了几个典型意象排列在一起,构成了两幅
壮阔的战争画卷。雪夜之中,本是息战之时,配以"楼船",更显出
宋军军容之壮盛;秋风之下,充盈萧瑟之气,配以"铁马",尤显宋军
军容之严整。而这严整壮盛军容的描绘之中,洋溢着的是作者干
云的豪气和必胜的信心。因而,若将首联中的"气"字解为"豪气",
显然与颔联之间的联系就更为连贯而紧密。

　　再次,从全篇来看,诗中的"郁愤"之情主要是从早年的经历、
理想与现实处境的反差之中逼迫而出,而不是直接抒发的。而前
面两联只有在早年的经历和理想上做足了文章,蓄足了势,也就是
说写足了"豪气",再联想到自己现在的处境,才能突出世事是如何
艰难的,小人是如何误国的! 那么,后文中"空自许""已先斑"的愤
慨才能水到渠成、喷薄欲出。因而,从这个角度来看,将"气"解为

豪气,而不是"积愤",显得更为含蓄而有力。全诗虽然不着诗题中的"愤"字,但是字字是愤,句句是愤!

　　总而言之,正如学生的质疑所言,教材中将"气"字解为"悲愤",固然文意也通,但却将全诗流畅的意脉给截断了,似乎就不能符合清代李慈铭在《越缦堂诗话》中指出的"全首浑成"的评价了。

【附】

书　愤

陆　游

早岁那知世事艰,中原北望气如山。
楼船夜雪瓜洲渡,铁马秋风大散关。
塞上长城空自许,镜中衰鬓已先斑。
出师一表真名世,千载谁堪伯仲间。

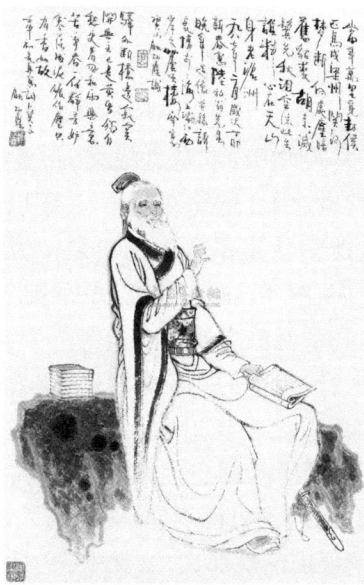

图1-7-3　陆游像(顾炳鑫　绘)

霍金是个由头

——读《邂逅霍金》

复旦大学历史地理学教授葛剑雄的《邂逅霍金》一文发表在1998年8月26日的《文汇报·笔会》之后,引发了读者的很大共鸣,后被收入沪教版高中语文教材高一上册。教学此文时,学生在预习笔记中提了一个有意思的问题:"作者所描述的霍金在剑桥的生活似乎与事实并不符合,这会不会影响文章的真实性?"这就引起了我的警觉。

再读文本,发现学生的疑问是有道理的。《邂逅霍金》一文主要分成两个部分,前半部分记叙了作者在剑桥邂逅霍金的过程,后半部分写由此次邂逅引发的议论。文章叙述的重点是,当霍金经过时,一切都是那么平静,就像路上无数过往的行人一样;作者由此而议论的重点也就在于剑桥的人文环境之可贵。"我更庆幸霍金生活在剑桥,他完全可以像常人一样生活,不必随时面对镜头、鲜花、握手和掌声,不用应付集会、宴请、报告和表彰,因为大家都懂得个人的价值和时间的可贵。"显然,这样的议论是作者邂逅霍金时看到的场景而引发的感触,是建立在前文的记叙上的思考。只是,我们不禁需要反思的是,这样的一次偶然相遇能不能支撑起后文中对人文环境的思考,或者换句话说,后文的议论在前文中是否有了确实的基础。

首先需要面对的就是学生提出来的疑问,霍金在剑桥的常态生活是否跟作者邂逅霍金时的观感一致。因为我们不能简单以某一刻的生活来涵盖生活的常态,必须在衡量"这一刻"是否具有典型性之后才能作出判断。在资讯发达的今天,只要上网检索一下关键词"霍金",扑面而来的是各种关于霍金的消息:霍金开了新浪微博,霍金《卫报》发文警告人类,霍金携手美国宇航局打造"星际飞船",霍金受到美国总统的接见,霍金被英国皇家授予爵士荣誉,受到英女王的接见,霍金在剑桥会见贝克汉姆一家,霍金在剑桥的工作室作为电影《万物理论》的拍摄片场,霍金参加美国 **CBS** 热播剧《生活大爆炸》……给我们的印象是,霍金也在不停地面对镜头、鲜花、握手和掌声,也在参加各种集会、宴请、报告和表彰。而且,霍金给我们的感受是,他非常善于与大众媒体交往。据《南方人物周刊》2011 年 1 月 17 日《霍金　明星科学家是怎样炼成的》一文中介绍,《时间简史》的热销就是他与媒体愉快合作的一次范例。他接受该书美国版封面上一张自己坐在轮椅上的凄惨的照片,据说这会使这本书的销量至少增加一倍。事后,人们批评出版社无耻地利用了疾病,责备轮椅上的那个人是可耻的同谋。那么,这样看来,学生的质疑恐怕是有道理的,霍金在剑桥的真实生活似乎同作者描述的并不一致。作者葛剑雄先生也似乎意识到了这样写的危险性。他在《我写〈邂逅霍金〉》(《语文学习》2010 年第 3 期)一文中这样说道:"我不知道霍金是乐意接受还是被动享受(鲜花、掌声等),如果他是乐意享受,那就不是我 1998 年 7 月 15 日心目中的霍金了。"

图 1-8-1　霍金与《生活大爆炸》剧组成员合影

　　那么,这似乎就在暗示,《邂逅霍金》中所写的恐怕更是作者"心目中的霍金"了。在《我写〈邂逅霍金〉》一文中,作者还写道:"要写霍金其人,例如他的经历和成就,我并不了解,更不理解,哪有写的资格? 在霍金的形象无数次重现后,忽然有了思路——就写我自己想到的。"既然对霍金的经历和成就都不了解,那么就更难对他的日常生活有深入的了解了。同时,值得注意的是,作者在叙写霍金的形象时也是颇为克制的。作者几乎不太采用正面描写,而是着重写自己当时的感受和举动。文中写作者见到霍金时,连用了"呆滞""敬仰""震惊""凝视""沉思"五个词来描绘自己的神情和感受,进而写作者自己"摸着照相机"的举动,最后否定拍照的念头。从这样的叙述角度来看,作者有意识地回避了直接对霍金的描写,而着意于自己内心的触动。因而,《邂逅霍金》一文,与其说写的是霍金,不如说写的是作者"心目中的霍金"。

图 1-8-2　课文作者葛剑雄接受记者采访

　　既然是心目中的霍金，那自然同现实中的霍金是有距离的。也正因为如此，作者很有分寸地使用了"邂逅"一词。邂逅，偶然的相遇，短暂的相遇，美好的相遇。这个词出典《诗经·郑风·野有蔓草》，"野有蔓草，零露漙兮。有美一人，清扬婉兮。邂逅相遇，适我愿兮"，它在后世的出现也常与这种短暂而美好的相遇联系在一起。既然相遇是"偶然"的、"短暂"的，那么认识自然是不完整的，也就只能是"心目中的霍金"了，而且是心目中"美好的"霍金。这个"心目中的霍金"，"极度冷漠"又"显示着超常的魅力"，他静静地沉浸在自己学术的世界中遨游，不受世俗世界的干扰。这种认识虽然不完整，但是在那一刻又是极真实的。而后文的议论正是基于这样的"邂逅"而触发的，而日常生活中常态的霍金是怎样的，倒并不是作者真正关心的。

　　至于作者为什么会写这样一个"心目中的霍金"，或者说霍金经过的一刹那为什么给作者如此强烈的冲击，其实和本文浓烈的现实感有关。换句话说，本文着意的不是霍金，而是作者自己或者像自己一样的人；本文的落脚点不是剑桥，而是中国社会。作者写到霍金"不必随时面对镜头、鲜花、握手和掌声，不用应付集会、宴请、报告和表彰，因为大家都懂得个人的价值和时间的可贵"时，想表达的是，作者自己或自己这样名人正备受其扰，不堪其乱。

　　作者葛剑雄的一个生活细节值得一提，他在接受《南方都市报》采访时说，他从来不用手机，用手机只能增加麻烦，不用手机可以尽量减少计划外的事情。（《南方都市报》2014 年 3 月 11 日报道）这也可看出，像他这样的名人确实饱受干扰之苦，不得不自寻解脱之法。同时，作者写"庆幸霍金生活在剑桥"时，想表达的更多的也是对中国社会的忧虑。这样的忧虑其实在文章的一开首就已有暗示。"青年学人争读《时间简史》，一时颇有洛阳纸贵之势"，"争读"和"洛阳纸贵"就含有非理性的因素了。接着作者提到自己没有看过《时间简史》，"一则太忙，二则有自知之明，未必看得懂"。

所谓的"二则",看似自谦,实际上是承续前文,暗示上文"洛阳纸贵之势"背后的不合理;而所谓的"一则太忙",若和后文联系起来看的话,我们不禁要把这"忙"和作者必须面对的"镜头、鲜花、握手和掌声"等关联起来了。第二段中作者又写道连剑桥大学的学西方哲学的博士也没看完《时间简史》,看似闲笔,其实正是再点了中国当下学界的这种浮躁的、非理性的风气。学界尚且如此,更何况大众社会!这样看来,文章开首短短几句话,看似平淡无奇,其实颇有春秋笔法的味道。同时,文章一开始就将眼光聚焦在中国社会,也说明作者此文议论的重点始终不在霍金或者剑桥。

因而,日常生活中真实的霍金和真实的剑桥是否真的如作者描述的那样,其实并不重要,重要的是邂逅霍金的那一刻是真实的,是具有冲击力的。作者只是需要一个由头来表达对现实的焦虑、呼唤人文环境的改善。1998 年 7 月 15 日下午六时半的那一刻,恰恰是个极好的由头。而作者后文议论最坚实的基础其实是隐藏在字里行间的中国社会现状,这也正是本文之所以能引发读者强烈共鸣的缘由。

【附】

邂 逅 霍 金

葛剑雄

自从《时间简史》在中国翻译出版后,知道霍金的人越来越多。青年学人争读《时间简史》,一时颇有洛阳纸贵之势。我没有看过这本书,一则太忙,二则有自知之明,未必看得懂。但我对霍金以高度残疾之身能写出如此经典著作的精神和业绩,却是充满了深深的敬意。

我知道霍金是剑桥大学的,想不到在来剑桥的第二周就见到了他。

图 1-8-3 物理学家 霍金

7 月 15 日下午,一位青年朋友约我一起去那家有百年历史的 **ORCHARD**(果园)茶室,走过剑河边时他告诉我,傍晚霍金常在这里散步,有时可以遇见他。于是霍金成了我们的话题,我问这位学西方哲学的博士生是否看过《时间简史》,他说看过,但也没有看完。这使我颇感自慰,我的选择看来是明智的。

六时半,当我们从茶室回家又经过剑河边时,忽然我见到前面缓缓驶来一辆轮椅车,上面坐的正是霍金——和以前在照片上见到的完全一样。

车驶近了,我却呆滞了,是敬仰,是震惊,是凝视,是沉思;都是,或许都不是——在他经过我身边的那段时间我什么也没有做,只是目送着他静静地过去。

这是一个弱小的身躯,稍向右侧倾斜地靠在——或者说是被安放在——轮椅车背上。除了他的目光,似乎见不到他有其他动作。他的目光显得异乎寻常,可以看成极度冷漠,也可以视为显示着超常的魅力。我想走上前去,又下意识地摸着照相机,但我既没有移步,也没有拍照,连拍一下他的背影的念头也很快被自己否定了。

或许是霍金独特的形象震撼了我。对于这样一位随时面对逼近的死神却依然像超人那样奋斗的人,对他的任何干扰都是一种罪恶,更不用说任何好奇的举动或过分的热情表现。

或许是周围的人感染了我。当霍金经过时,一切都是那么平静,认识他的和不认识他的人都毫无异样,就连照料他的老护士也不靠近他的轮椅,只是默默地跟随着,大家都尊重他作为一个正常人的生存权利。

霍金的轮椅渐渐消失了,就像路上无数过往的行人一样。

图1-8-4 剑桥一景

霍金是不幸的,他在风华正茂时遭遇了罕见的疾病,要不,凭着他的才华和毅力,他完全能为人类作出更杰出的贡献。

霍金是幸运的,他生活在一个人的价值得到充分尊重的时代,他也生活在一个科学技术高度发达的时代,要不,他如何能完成他的著作,如何能继续他的生命和工作?他的轮椅上装满了大大小小的机械和电脑,他的身前就有显示屏和特殊的键盘,这是IBM公司专为他设计制造的,所以他才能自如地操纵轮椅,才能传达自己的思维,才能延续他的生命。

我更庆幸霍金生活在剑桥,他完全可以像常人一样生活,不必随时面对镜头、鲜花、握手和掌声,不用应付集会、宴请、报告和表彰,因为大家都懂得个人的价值和时间的可贵。

愿霍金在平静中度过他不平凡的一生,更愿世界上其他"霍金"能像他那样幸运。

何事吟余总惆怅
——读《白莽作〈孩儿塔〉序》

《白莽作〈孩儿塔〉序》是鲁迅先生为"左联五烈士"之一的白莽的诗集《孩儿塔》所作的序文,收录在沪教版高中语文教材高二上册之中。教学此文时,学生提出了一个问题:"文章起笔作者凄凉惆怅的情绪和第四、五段作者高昂激烈的情绪有很大的反差。怎么会发生这种突变呢?"这无疑是一个好问题。市面上的很多教参或教辅材料,提到作者在文中的情绪变化这一问题时,往往抓住"惆怅"一词,认为作者的情感经历了"产生惆怅""更加惆怅""还是惆怅""走出惆怅"这一变化历程。这一解读似乎部分回答了学生的疑惑,但又是似是而非的。

首先,作者鲁迅先生到底有没有"走出惆怅"?表面上看,作者似乎是走出了"惆怅"。第四段中"这是东方的微光,是林中的响箭,是冬末的萌芽,是进军的第一步,是对于前驱者的爱的大纛,也是对于摧残者的憎的丰碑",作者以一连串的比喻和对比,高度赞扬了白莽遗诗的价值和意义,也透露出作者此时高昂激动的情绪。第五段中,作者又强调白莽有许多许多的同道,他们的存在就足以保证集子的流传了。从这段来看,作者似乎也释然了,"给它(白莽的遗诗)企图流布"的心愿了结了,"捏着一团火"而"寝食难安"的心情也冰释了。那么,作者似乎走出了"惆怅"。但是,若我们细品作者的文思的话,就会发现问题其实远没有那么简单,作者的情感也远没有这么单纯。

第四段中"一切所谓圆熟简练、静穆幽远之作,都无须来作比方,因为这诗属于别一世界"一句,除了承续前文肯定《孩儿塔》的意义与价值之外,也隐藏着作者的嘲讽和愤懑。"圆熟简练、静穆

幽远"这八个字其实涉及鲁迅先生
和朱光潜先生的一段文坛公案。

　1935 年 12 月《中学生杂志》第
60 期上,朱光潜发表了《说"曲终人
不见,江上数峰青"——答夏丏尊先
生》一文。在此文中,朱光潜先生提
出了艺术的最高境界是"静穆",
"所谓'静穆'(**Serenity**)自然只是
一种最高理想,不是在一般诗里所
能找得到的。古希腊——尤其是古
希腊的造型艺术——常使我们觉到
这种'静穆'的风味。'静穆'是一
种豁然大悟,得到归依的心情。它
好比低眉默想的观音大士,超一切
忧喜,同时你也可说它泯化一切忧

图 1-9-1　朱光潜先生像

喜。这种境界在中国诗里不多见。"文中并以陶渊明为例,指出陶
渊明就是这种"静穆"的典范,"屈原、阮籍、李白、杜甫都不免有些
像金刚怒目,愤愤不平的样子。陶潜浑身是'静穆',所以他伟大"。
而这样的观点很快遭到了鲁迅先生激烈的批评。1936 年 1 月,鲁
迅先生在《海燕》月刊第一期发表《〈题未定〉草(之六)》和《〈题未
定〉草(之七)》两篇文章予以反击。鲁迅先生指出,陶渊明固然有
"静穆"的一面,更有"金刚怒目"的一面,陶渊明正因为并非浑身是
"静穆",所以他伟大。更重要的是,鲁迅先生认为这种对苦难和压
迫超越的"静穆"其实是抚慰劳人、麻痹灵魂的圣药。因而,鲁迅先
生在 1936 年 3 月 11 日的《白莽作〈孩儿塔〉序》中再度提起"静
穆",显然有对朱光潜先生嘲讽的意味,是鲁迅先生行文中惯常的
"顺手一击"。而"圆熟简练、静穆幽远"之作,却是现在"一般的诗
人"、文坛上大部分的诗人追求的境界,这是鲁迅先生感到忧心的。
这些"一般的诗人",他们关心的更多的是艺术技巧,而对艺术应该

反映的血淋淋的现实视而不见。正如鲁迅先生在《小品文的危机》（《南腔北调集》，人民文学出版社 1980 年版）一文指出："（小品文）以后的路，本来明明是更分明的挣扎和战斗，因为这原是萌芽于'文学革命'以至'思想革命'的。但现在的趋势，却在特别提倡那和旧文章相合之点，雍容，漂亮，缜密，就是要它成为'小摆设'，供雅人的摩挲，并且想青年摩挲了这'小摆设'，由粗暴而变为风雅了……生存的小品文，必须是匕首，是投枪，能和读者一同杀出一条生存的血路的东西。"这写的虽是先生对小品文的主张，也可看作对文艺的主张、对当时文坛的判断。而白莽的《孩儿塔》固然在艺术上有其不成熟之处，但它敢于直面现实，热烈拥抱革命，这正是鲁迅先生高度赞赏《孩儿塔》的缘由。而这赞赏的背后却恰恰隐藏着鲁迅先生的愤懑，对现实政治和当时文坛的不满，我们也能从"一切所谓……都无须……"这样的句式中读出背后的激愤。所以，《白莽作〈孩儿塔〉序》第五段中作者说到"那一世界"时，固然有对新生力量的希望，也隐含着对"这一世界"的绝望。

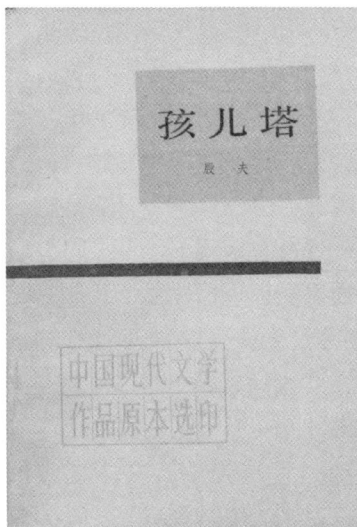

图 1-9-2　《孩儿塔》书影（人民文学出版社 1984 年版）

　　沿着这样的思路，再看文章的第六段，意味就显得更为深长了。"一九三六年三月十一日夜，鲁迅记于上海之且介亭"。很多读者也许觉得这只是时间、地点的交代，是文章的落款，不能算作正文。但是，查看鲁迅先生的原稿以及人民文学出版社 1981 年版的《鲁迅全集》，这又明明白白属于正文部分。这就不免引起我们的思考：为什么作者如此郑重其事地将之纳入正文？从行文技巧来看，这是回应第一段，呼应"深夜独坐"，使得结构更为圆融。若沿着文章脉络来看，这恐怕更是作者情绪的表达。"一九三六年三月十一日夜",暗示的无疑是风雨如磐的时局,透露出作者内心的压抑;"鲁迅记于上海之且介亭","且介亭"前还用"之"断开,无非是想突出"且介亭"三字。鲁迅当时住的上海北四川路,是"越界筑路"的区域,即所谓的"半租界"。"且介"二字取"租界"两字的各一半,既巧妙地点出"半租界"的政治状态,也意为政府将我们的"田""禾"拱手让人,作者以此表达出满腔的愤慨。因而,作者短短一句时间地点的交代,蕴藏着的是对时局深深的不满与愤恨。而且,文章最终以此收笔,显示的是不满、愤慨、痛恨交织的惆怅才是作者此文的落脚点、作者情绪的归终点。这又怎么会是简单的"走出惆怅"所能形容的呢?

因而,细读文章四、五、六段,作者非但没有"走出惆怅",而是在"惆怅"中萦绕着种种浓烈而复杂情绪,有对白莽人格和遗诗的赞赏,有对"另一世界"的希望,有对"这一世界"的绝望,有对当时文坛的不满,有对时任政府的痛恨,有对帝国主义的愤慨,等等。这些情绪,或沉或浮,或明或暗,始终萦绕在先生的心头,久久挥散不去,因而先生名之为"惆怅"。

再看学生提出来的问题,"文章起笔作者凄凉惆怅的情绪和第四、五段作者高昂激烈的情绪有很大的反差。怎么会发生这种突变呢?"纵观全文,其实作者的情绪并没有发生突变。"复杂的惆怅"是一以贯之的。第二段,作者回忆白莽。"他们就义了已经足有五个年头了,我的记忆上,早又蒙上了许多新鲜的血迹","足有"突出时间之长,"早又"突出间隔之短,暗示五年以来政局的黑暗没有丝毫的改变,寄托着作者强烈的愤慨。而作者写到白莽的时候,又充满着暖意,满怀着对白莽激赏。范飚老师在《"却"字引发的思考》(《语文学习》2015 年第 1 期)一文中细致地分析了此段中"他却叫徐白"中"却"字的意味,"却"字"一方面,划清了白莽与'这哥哥'的界限,强调白莽是走了一条与哥哥截然不同的道路,两人虽为兄弟,但志趣精神霄壤有别。另一方面,表达了对白莽的激赏,为其无畏,为其坚定,击节叹赏"。像"却"字这样隐藏着作者情感的词在此段中也不乏他例,像"终于""殊途同归""徐白"等等。我们需要体会的是,作者此段中的"惆怅"是激赏、痛惜、嘲讽、痛恨等情感复杂的纠结。

而这种复杂的惆怅也萦绕在第三段的字里行间。作者写"企图流布亡友的遗诗"而自己却"不懂诗""不能说"的惆怅。当我们读出"不懂诗"背后有对"一般诗人"的嘲讽,读出"不能说"有对当局禁言的愤恨之时,我们还要注意到鲁迅先生在"嘲讽""愤恨"背后对白莽作品大方向的认可、赞赏,虽然艺术技巧或许仍显稚嫩。而第四段中那种喷薄而出的讴歌也正是建立在这样的认可与赞赏之上的。因此,三、四段之间并无意外的突变,而是自然的迸发。

总而言之,《白莽作〈孩儿塔〉序》一文中"惆怅"贯穿始终,而"惆怅"背后交织着嘲讽、无奈、痛惜、愤恨、认同、赞赏等复杂的情绪。这些情绪或明或暗、时沉时浮,但始终在鲁迅先生的内心中涌动。因而,我们在读先生的感情时,不宜简而化之。

【附】

白莽作《孩儿塔》序

鲁 迅

春天去了一大半了,还是冷;加上整天的下雨,淅淅沥沥,深夜独坐,听得令人有些凄凉,也因为午后得到一封远道寄来的信,要我给白莽的遗诗写一点序文之类;那信的开首说道:"我的亡友白莽,恐怕你是知道的罢。……"——这就使我更加惆怅。

说起白莽来,——不错,我知道的。四年之前,我曾经写过一篇《为忘却的记念》,要将他们忘却。他们就义了已经足有五个年头了,我的记忆上,早又蒙上许多新鲜的血迹;这一提,他的年青的相貌就又在我的眼前出现,像活着一样,热天穿着大棉袍,满脸油汗,笑笑的对我说道:"这是第三回了。自己出来的。前两回都是哥哥保出,他一保就要干涉我,这回我不去通知他了。……"——我前一回的文章上是猜错的,这哥哥才是徐培根,航空署长,终于和他成了殊途同归的兄弟;他却叫徐白,较普通的笔名是殷夫。

一个人如果还有友情,那么,收存亡友的遗文真如捏着一团火,常要觉得寝食不安,给它企图流布的。这心

图 1-9-3 白莽像

情我很了然,也知道有做序文之类的义务。我所惆怅的是我简直不懂诗,也没有诗人的朋友,偶尔一有,也终至于闹开,不过和白莽没有闹,也许是他死得太快了罢。现在,对于他的诗,我一句也不说——因为我不能。

这《孩儿塔》的出世并非要和现在一般的诗人争一日之长,是有别一种意义在。这是东方的微光,是林中的响箭,是冬末的萌芽,是进军的第一步,是对于前驱者的爱的大纛,也是对于摧残者的憎的丰碑。一切所谓圆熟简练,静穆幽远之作,都无须来作比方,因为这诗属于别一世界。

那一世界里有许多许多人,白莽也是他们的亡友。单是这一点,我想,就足够保证这本集子的存在了,又何需我的序文之类。

一九三六年三月十一夜,鲁迅记于上海之且介亭。

短暂的解脱与自由
——谈《荷塘月色》的删节

朱　自清的《荷塘月色》是现代经典散文名文,被收入各种中学语文教材之后,成为几代人文学阅读的共同记忆。沪教版高三上语文教材现也选录了此文。这篇文章在早期的教材中因各种原因常常被删节,比如 1987 年版的人教版教材中选录的就是删节版的《荷塘月色》。此版中朱自清第四段中描写荷花的比喻"像出浴的美人"、原文第五段中"峭楞楞如鬼一般"以及原文第七、八、九段中描写的"江南采莲图"的部分,都被删去了,被称为"洁本"。而新时期的教材,比如新人教版、沪教版,都选入了原汁原味的原文,不再做删节。但是现在来回味这些曾经做过的删节,仍颇有趣味。比如沪教版教材在课后练习题里设计一道习题:在以往的教材中,曾经将"采莲的是少年的女子……可惜我们现在早已无福消受了"一节删去,你是否赞同? 有人认为"江南采莲图"一段使《荷塘月色》的整体意境显得不够圆融完满,你是否同意这一看法? 说说你的理由。这道练习题给很多学生带来了不小的困惑。

　　说"江南采莲图"与《荷塘月色》的整体意境不够圆融,是认为《荷塘月色》一文的整体意境是宁静而朦胧,是空灵而诗意的。以文章的第四、第五、第六三段而言,这是不错的。文章第四段描写月下荷塘,第五段描写荷塘月色,第六段描写荷塘的四周。作者以极为细致的笔墨,向读者描绘了他所发现的宁静而又空灵的荷塘月色图。而这宁静的氛围似乎就能抚慰他那"颇不宁静"的内心,这也回应了第三段他说的"超出了平常的自己,到了另一世界",从让人不宁静的现实世界到了这个宁静的"另一世界",从而获得了暂时的解脱。但是,第七段开始描绘的"江南采莲图"似乎就破坏了这种逻辑。因为"江南采莲图"渲染了一幅热闹的、活泼的、欢快的场面,按照作者的说法是"那是一个热闹的季节,也是一个风流的季节"。因而,对文章意境统一性的这些质疑不能说毫无道理。

　　但是,这种质疑忽略了作者"颇不宁静"的本质原因。细读文章的第三段的话,我们可知,作者文章一开首倾诉的"这几天心里颇不宁静"的原因是感到"不自由"。夜深人静之时,作者走到荷塘边,感到"这一片天地好像是我的;我也像超出了平常的自己,到了另一世界里",而这个世界里,"什么都可以想,什么都可以不想,便觉得是个自由的人。白天里一定要做的事,一定要说的话,现在都可不理"。这段中作者用如此多的笔墨强调"另一世界"的自由,由此我们可以明确推知恰是作者现实生活中的"不自由"让他感到"颇不宁静"。

　　但是,要摆脱这种"颇不宁静",暂时从生活的束缚中解脱出来,获得心灵的自由,宁静的氛围就未必是必要的条件,欢快的场景也能帮助作者暂时解脱。就如文章第三段中一句非常重要的话标明的那样:我爱热闹,也爱冷静;爱群居,也爱独处。首先得注意这句话是紧接着上文提到的"我也像超出了平常的自己,到了另一个世界里"一句之后的,从逻辑关联上看,热闹也好,冷静也罢,都可以是这"另一世界"或者"自由世界"的表象。同时,这四个"爱"字

图 1 - 10 - 1　朱自清先生像

的并列也透露出"另一世界"的获得,可以在静、独中取,也可以在闹、群中得。其次,以全文的结构来观之,这句话也可以说是全文的"纲"了,后面第四、五、六段描绘的"荷塘月色图"正是写"冷静"与"独处",而接下来的第七、八、九三段描绘的"江南采莲图"恰是写"热闹"与"群居"的。作者着力描绘的两幅动静不同的图景,都

让作者暂时摆脱了日常生活琐屑的束缚,获得了心灵上暂时的自由。这就完美地演绎了第三段的这句话。所以,行文上两幅动静相异图景的安排,也呈现出文章严密的逻辑结构。假如,我们将"江南采莲图"删去的话,且不说这三段前后的衔接产生问题,就是第三段的这句话也显得突兀,让人不明就里。当然,更重要的是,这就曲解了作者"颇不宁静"的本质原因。

那么,"荷塘月色图"和"江南采莲图"给作者带来了怎样短暂的自由呢?或者说作者被怎样的"不自由"所束缚呢?文章第一段和最后一段提到的"妻"对于理解这个问题非常重要。若从独处的角度来说,月夜下的荷塘自然给了作者一个极好的宁谧的氛围以摆脱尘世的喧嚣;但是屋前的院子此时已经没有了"孩子们的欢笑",未必不是一个可以安静独处的环境。那么,荷塘和院子到底有什么不同?为什么荷塘能给作者自由,是"另一世界",而为什么院子不能呢?妻子显然是问题的关键,也就是说作者感到不自由的原因来自于妻子和家人。换句话说,家庭的重担和伦理的责任使得作者不堪其重,倍感不自由。因而,走出院子、离开妻儿,才能获得短暂的解脱与自由。值得注意的是,第一段中写妻子的时候说"妻在屋里拍着闰儿,迷迷糊糊地哼着眠歌",这里写"妻子"着墨在她的社会伦理角色"闰儿的母亲",而不是"朱自清的妻子",更不是曼妙的女子。

而后文"荷塘月色图"和"江南采莲图"中提到的女性又全部都是摆脱了社会伦理功能,而只具有情感抚慰功能的角色。这和文中所提到的"妻"——朱自清的妻子本身也是父母包办婚姻和封建伦理的产物——是截然不同的。比如第四段中描写"月色下的荷塘",写荷叶、荷花、荷香、荷波、流水,看似是在层层写景的,其实恰恰仍是写人的。因为作者在荷塘中寻找到的不是普通的美景,而是在景中幻想出自由的、不负伦理责任的情感,这对他的心灵是有抚慰作用的。在这段中,朱自清用了大量的比喻,有三个尤其值得注意,"像亭亭的舞女的裙""又如刚出浴的美人""仿佛远处高楼上渺茫的歌声似的"。对这些比喻,余光中先生曾著文批评说:"比喻大半浮泛、轻易、阴柔,在想象上并不出色"。(余光中《论朱自清的散文》,《名作欣赏》1992 年 4 月)其实,朱自清的这些比喻真正用意并不在形象地描摹景物,而可能恰恰相反,是这些景物让作者幻想起一些美好的女性——"舞女""美人""歌伎"。这些美好的女性形象,和"拍着闰儿""哼着眠歌"的妻子最大的不同是,她们不承担任何伦理上的角色,只提供视听的愉悦、情感的交流,朱自清也不必为她们担负任何伦理上的责任。或者从本质上讲,她们与朱自清之间的关系完全是自由的,而不是束缚的。而这恰恰是朱自清此时内心真正的需求。

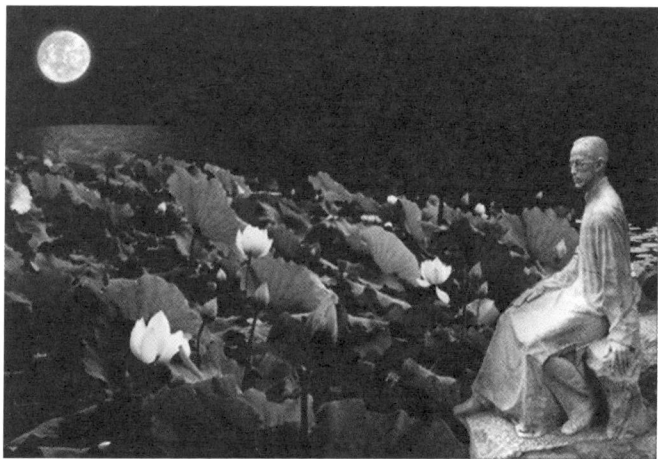

图 1-10-2　清华园内的荷塘月色与朱自清雕塑

再看"江南采莲图"则是唤醒了历史文本中的女性——采莲女的形象。作者先写"采莲的少年的女子,她们是荡着小船,唱着艳歌去的",再引用了梁元帝《采莲赋》中男女自由调情的场面,最后又引用民歌《西洲曲》的句子。我们知道,采莲绝不是真的采莲,而是一种自由奔放的爱情的表达。特别值得分析的是《采莲赋》中的采莲女的形象,赋中说"尔其纤腰束素,迁延顾步。夏始春余,叶嫩花初。恐沾裳而浅笑,畏倾船而敛裾",纤纤细腰的容貌、笑意盈盈的神情、欲就还羞的姿态,完全是不经世故的小女儿情态。在这里他们可以不拘世俗的礼法而表露自己的心意,在这里他们可以不顾伦理的责任而表白自己的情感,这完全是一个"风流的季节"。这些采莲女和她们带来的情感,完全是自然的,也是自由的,可是一旦走入世俗社会,一旦走进成年世界,这种美好就会消失殆尽,就像《红楼梦》第五十九回中贾宝玉说院子里的老妈子那样"女孩儿未出嫁,是颗无价之宝珠,出了嫁,不知怎么就变出许多的不好的毛病来,虽是颗珠子,却没有光彩宝色,是颗死珠了;再老了,更变的不是珠子,竟是鱼眼睛了"。所以作者在此赋之后紧接着写道"这真是有趣的事,可惜我们现在早已无福消受了",注意这里作者用的是"我们",而不是"我","我们"中有作者自己,当然也有作者的妻子。因此,我们可以看到的是,此部分中"采莲女"的形象和上部分中"舞女""美人""歌伎"等形象虽身份不一样,但有一点是共通的,她们所带来的情感慰藉是没有伦理责任绑架的,是完全自由的。

图 1-10-3　朱自清先生全家福

当然,这么说,并不意味着朱自清心里"颇不宁静"的原因完全是妻子造成的。妻子,也不过是家庭伦理责任的代表而已。文章最后说"这令我到底惦着江南了。——这样想着,猛一回头,不觉已是自己的门前",这表明作者已从幻想回到现实。"到底惦着江南了","到底"表明一种不情愿而又不得已,"江南"却指的是现实中朱自清的老家扬州。这里透露出的意思是,回到现实生活中,还是不得不直面家庭之琐事,特别是解决与父亲的矛盾。朱自清与自己的父亲一向比较紧张,在他的散文《背影》中我们也能读出一二来。1922年他带着妻儿回老家扬州,打算与父亲和解,结果仍然闹得不欢而散。1927年的暑假,也就是写《荷塘月色》那年的7月,朱自清又想回扬州,但是又怕与父亲难以和解,因而犹豫不定,心情苦闷。除了与父亲的矛盾,还有家庭经济上的重担,"妻子儿女一大家,都指着我生活"(朱自清《那里走》中语)。因此,综合来看,儿子、丈夫、父亲等伦理角色赋予朱自清的重担,使他倍感束缚而不自由,"心里颇不宁静"。

如此,回过头来再看这些删节的部分,引导学生做些探究,确实是颇有兴味的事。

【附】

荷 塘 月 色
朱自清

这几天心里颇不宁静。今晚在院子里坐着乘凉,忽然想起日日走过的荷塘,在这满月的光里,总该另有一番样子吧。月亮渐渐地升高了,墙外马路上孩子们的欢笑,已经听不见了;妻在屋里拍着闰儿,迷迷糊糊地哼着眠歌。我悄悄地披了大衫,带上门出去。

沿着荷塘,是一条曲折的小煤屑路。这是一条幽僻的路;白天也少人走,夜晚更加寂寞。荷塘四面,长着许多树,蓊蓊郁郁的。路的一旁,是些杨柳,和一些不知道名字的树。没有月光的晚上,这路上阴森森的,有些怕人。今晚却很好,虽然月光也还是淡淡的。

路上只我一个人,背着手踱着。这一片天地好像是我的;我也像超出了平常的自己,到了另一个世界里。我爱热闹,也爱冷静;爱群居,也爱独处。像今晚上,一个人在这苍茫的月下,什么都可以想,什么都可以不想,便觉是个自由的人。白天里一定要做的事,一定要说的话,现在都可不理。这是独处的妙处,我且受用这无边的荷香月色好了。

曲曲折折的荷塘上面,弥望的是田田的叶子。叶子出水很高,像亭亭的舞女的裙。层层的叶子中间,零星地点缀着些白花,有袅娜地开着的,有羞涩地打着朵儿的;正如一粒粒的明珠,又如碧天里的星星,又如刚出浴的美人。微风过处,送来缕缕清香,仿佛远处高楼上渺茫的歌声似的。这时候叶子与花也有一丝的颤动,像闪电般,霎时传过荷塘的那边去了。叶子本是肩并肩密密地挨着,这便宛然有了一道凝碧的波痕。叶子底下是脉脉的流水,遮住了,不能见一些颜色;而叶子却更见风致了。

图 1-10-4　荷塘月色图

月光如流水一般,静静地泻在这一片叶子和花上。薄薄的青雾浮起在荷塘里。叶子和花仿佛在牛乳中洗过一样;又像笼着轻纱的梦。虽然是满月,天上却有一层淡淡的云,所以不能朗照;但我以为这恰是到了好处——酣眠固不可少,小睡也别有风味的。月光是隔了树照过来的,高处丛生的灌木,落下参差的斑驳的黑影,峭楞楞如鬼一般;弯弯的杨柳的稀疏的倩影,却又像是画在荷叶上。塘中的月色并不均匀;但光与影有着和谐的旋律,如梵婀玲上奏着的名曲。

荷塘的四面,远远近近,高高低低都是树,而杨柳最多。这些树将一片荷塘重重围住;只在小路一旁,漏着几段空隙,像是特为月光留下的。树色一例是阴阴的,乍看像一团烟雾;但杨柳的丰姿,便在烟雾里也辨得出。树梢上隐隐约约的是一带远山,只有些大意罢了。树缝里也漏着一两点路灯光,没精打采的,是渴睡人的眼。这时候最热闹的,要数树上的蝉声与水里的蛙声;但热闹是他们的,我什么也没有。

忽然想起采莲的事情来了。采莲是江南的旧俗,似乎很早就有,而六朝时为盛;从诗歌里可以约略知道。采莲的是少年的女子,她们是荡着小船,唱着艳歌去的。采莲人不用说很多,还有看采莲的人。那是一个热闹的季节,也是一个风流的季节。梁元帝《采莲赋》里说得好:

于是妖童媛女,荡舟心许;鹢首徐回,兼传羽杯;棹将移而藻挂,船欲动而萍开。尔其纤腰束素,迁延顾步;夏始春余,叶嫩花初,恐沾裳而浅笑,畏倾船而敛裾。

可见当时嬉游的光景了。这真是有趣的事,可惜我们现在早已无福消受了。

于是又记起《西洲曲》里的句子:

采莲南塘秋,莲花过人头;
低头弄莲子,莲子清如水。

今晚若有采莲人,这儿的莲花也算得“过人头”了;只不见一些流水的影子,是不行的。这令我到底惦着江南了。——这样想着,猛一抬头,不觉已是自己的门前;轻轻地推门进去,什么声息也没有,妻已睡熟好久了。

一九二七年七月,北京清华园。

图1-10-5 采莲图(黄均绘)

滴答的坠枣之声
——读《故都的秋》

郁达夫的《故都的秋》是现代文学史中的名章,甚至可以说是现代散文史上的丰碑,更是几代中国人语文学习的共同记忆,沪教版高二下语文教材中收有此文。教学此文时,学生很容易把握住文章开头部分那句"可是啊,北国的秋,却来得特别地来得清,来得静,来得悲凉"。从全文来看,文章确实以"清""静""悲凉"三词展开意绪并以此笼罩全篇,如后文作者描绘的"秋晨小院""秋槐落蕊""秋蝉残声""秋雨闲话"等画面中都浸润着这种"清""静""悲凉"。而有一位学生却对此提出了自己的疑惑:在作者描绘的几幅画面中,为什么唯独"秋日胜果"这个画面没有浸染着悲凉的情感色彩?

应该说,这位学生对文本是颇敏感的,这一段描写确实有些特异之处。这段描写并不长,节录于下,以备分析。

> 北方的果树,到秋来,也是一种奇景。第一是枣子树;屋角,墙头,茅房边上,灶房门口,它都会一株株的长大起来。像橄榄又像鸽蛋似的这枣子颗儿,在小椭圆形的细叶中间,显出淡绿微黄的颜色的时候,正是秋的全盛时期,等枣树叶落,枣子红完,西北风就要起来了,北方便是尘沙灰土的世界,只有这枣子,柿子,葡萄,成熟到八九分的七八月之交,是北国的清秋佳日,是一年中最好也没有的 **Golden Days**。

首先,我们注意到这段中画面的色彩基调和前文中画面的冷色调是相异的。比如前文中写到牵牛花时，说"我以为以蓝色和白色者为佳，紫黑色次之，淡红者最下"，作者欣赏的是以"蓝色和白色"等冷色为基调的秋意。而在这段中，作者写枣树，描绘的是"淡绿微黄"的色彩，是一种生命勃发的色彩。同时，这段中"**Golden Days**"这个词是值得注意的。固然，五四时期的很多作家因为有留洋经历，在他们的文章中喜好穿插外文词汇。另外，此处用"**Golden Days**"这一英文词汇与上文的"全盛时期"也避免了重复，形成了艺术形式上的变化。但是，作者最重要的用意恐怕还是在"**Golden**"这一鲜明的色彩词上，作者希冀用这一色彩词激发了读者对秋的全盛时期"金黄之色"的想象。这与前文中透露出来的那种冷意是截然不同的。

其次，前文描写的几幅画面中，作者领略的秋味都是伴随着一种生命衰败的迹象。比如写"牵牛花"时，"要教长着几根疏疏落落的尖细且长的秋草，使作陪衬"，其中的"疏疏落落"一词给人十足的萧疏衰败之感。再比如在"秋槐落蕊""秋蝉残声"两幅画面中更是给人一种生命消亡的深沉的感受。即便是"秋雨闲话"这个画面中，都市闲人那句"一层秋雨一阵凉啊"，也包含着自然规律带来的沧桑、萧索之感。而这段"胜日秋果"中给我们的全然不是这种感受，而是一种生命勃发之感。如写枣子树"屋角，墙头，茅房边上，灶房门口，它都会一株株的长大起来"，在最不适宜生长的地方到处是枣树自然生长的身影，这里着墨的恰是枣子树旺盛而强大的生命力。因而，与上文的几个画面不同的是，作者描述的不是"枣树叶落"与"枣子红完"那种带有悲凉意味的秋意，而是寄寓着生命勃发之感的秋的"**Golden Days**"。

由此来看，"秋日胜果"一段中的秋意确实和第一段中提到的清、静、悲凉的意境和姿态是不一样的。但是，假如我们联系一下郁达夫的人生经历以及他与枣树的关系，也许会有不一样的感受。

据方忠所著的《郁达夫传》（复旦大学出版社 2012 年 1 月版）载，1925 年 4 月，也即《故都的秋》第二段所说的"将近十余年"

之前，郁达夫的第一任妻子孙荃携子龙儿搬至北京与郁达夫同住。郁达夫在什刹海的北岸租了一间小小的住宅，宅前有一架葡萄与两棵枣树。在那年"秋日胜果"的佳节，郁达夫与四岁的儿子龙儿爬枣树、摘枣子，度过了人生中"最快乐"的一段时光。而在这段时间里，郁达夫还辗转于武昌、上海、广州等地，四处奔波，不能常伴妻儿左右，因而可以说这样快乐的时光是非常短暂的，但即使短暂，对性格内向忧郁、经历波折不顺的郁达夫来说已是莫大的

图1-11-1　郁达夫与原配夫人孙荃

安慰了。好景不长，1926年的6月，爱子龙儿忽然患上脑膜炎，病情危在旦夕。郁达夫得知消息后，心急如焚地从广州赶回北京什刹海的小屋。不想，当他到家时，龙儿已经下葬四天了。郁达夫内心的悲痛可以想见！曾经枣树下最快乐的时光也成了郁达夫人生中最痛苦的回忆。他在1926年的另一篇回忆性散文《一个人在途上》（《郁达夫散文·一个人在途上》，三辰影库音像出版社2017年版）有这样的记述：

> "院子有一架葡萄，两颗枣树，去年采取葡萄枣子的时候，他站在树下，兜起了大褂，仰头在看树上的我。我摘取一颗，丢入了他的大褂斗里，他的哄笑声，要继续到三五分钟。今年这两颗枣树结满了青青的枣子，风起的半夜里，老有熟极的枣子辞枝自落，女人和我，睡在床上，有时候且哭且谈，总要到更深人静，方能入睡。在这样的幽幽的谈话中间，最怕听的，就是滴答的坠枣之声。"

由此可见，枣子树与龙儿、与郁达夫曾经那段快乐的时光是紧密相连的。或者说，郁达夫此时写北平的枣子树不可能不染上这段独特的人生经历的色彩，换言之，郁达夫笔下的"枣子树"一定和其他作家写的是不一样的。而《故都的秋》中郁达夫写的这段"秋日胜果"，可以说，恰是当年与龙儿在枣树下摘果的情景的再现。只不过，此时"树"犹在，"儿"已亡，且匆匆之间，十年又过，人何以堪！因而，作者在文章的最后如此动情地疾呼："秋天，这北国的秋天，若留得住的话，我愿意把寿

图 1-11-2　郁达夫书集句联

命的三分之二折去，换得一个三分之一的零头。"令人悲痛的是，这"北国的秋天"特别是那清秋佳日，那段最让郁达夫欢愉的日子，恐怕已是无法再留得住了。这种潜藏在字里行间的生命之悲凉可谓深沉而又幽远！所以，这段文字中"枣树"生命力写得越是旺盛，画面显得越是温暖，秋色显得越是 Golden，作者心中的悲凉之感就越发深重。因而，郁达夫笔下的枣树和枣子不是在"叶落""红完"之时才触发作者对生命衰败消逝的悲凉之感的，而恰恰是在枣子"淡绿微黄"的全盛时期。这当然也是郁达夫对"秋"最个性化的感受。

　　因此，这段"秋日胜果"看似透露出生命勃发的生机和作者淡淡的喜悦，和"悲凉"之意相扞格。其实，这只是多数人通常的感受，而对郁达夫来说，恰是最悲凉的图景，这也就是他在文中开头说的"特别地来得清，来得静，来得悲凉"中的"特别"之处。

　　若我们再以此眼光关照郁达夫在文中描绘的五幅图景的顺序，也会有新的感受。前面四幅图景中，由自然现象触发生命萧索之感，第五幅图景中，由个体生命经历引发生命悲凉之意。前面四幅描绘的是生命普遍之悲，第五幅描述的是个人生命独特之痛。因而，五幅图景中透露出的悲凉的意味是逐层加深的，五幅图景的

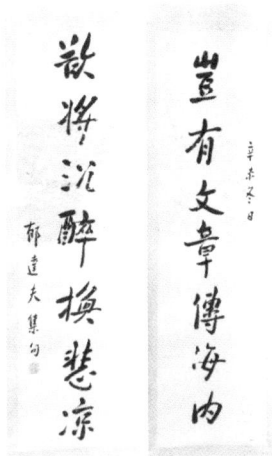

安排顺序也正是依循着作者这样的情感逻辑。

　　朱光潜先生在他的《论小品文》(《孟实文钞》,中国国际广播出版社 2013 年版)中说:"我常常觉得文章只有三种,最上乘的是自言自语,其次是向一个人讲话,再其次是向许多人讲话。"这里所谓的"自言自语",我们可以理解为作者将最个性化的感受用个性化的语言表达出来,犹似"自言自语"。而郁达夫《故都的秋》中"秋日胜果"一段之所以与我们通常的感受不一样,恰恰是因为这是郁达夫的"自言自语",也是最上乘的文章的成因。

【附】

故　都　的　秋

郁达夫

　　秋天,无论在什么地方的秋天,总是好的;可是啊,北国的秋,却特别地来得清,来得静,来得悲凉。我的不远千里,要从杭州赶上青岛,更要从青岛赶上北平来的理由,也不过想饱尝一尝这"秋",这故都的秋味。

　　江南,秋当然也是有的;但草木凋得慢,空气来得润,天的颜色显得淡,并且又时常多雨而少风;一个人夹在苏州上海杭州,或厦门香港广州的市民中间,混混沌沌地过去,只能感到一点点清凉,秋的味,秋的色,秋的意境与姿态,总看不饱,尝不透,赏玩不到十足。秋并不是名花,也并不是美酒,那一种半开、半醉的状态,在领略秋的

图 1-11-3　郁达夫像

过程上,是不合适的。

　　不逢北国之秋,已将近十余年了。在南方每年到了秋天,总要想起陶然亭的芦花,钓鱼台的柳影,西山的虫唱,玉泉的夜月,潭柘寺的钟声。在北平即使不出门去吧,就是在皇城人海之中,租人家一椽破屋来住着,早晨起来,泡一碗浓茶,向院子一坐,你也能看得到很高很高的碧绿的天色,听得到青天下驯鸽的飞声。从槐树叶底,朝东细数着一丝一丝漏下来的日光,或在破壁腰中,静对着像喇叭似的牵牛花(朝荣)的蓝朵,自然而然地也能够感觉到十分的秋意。说到了牵牛花,我以为以蓝色或白色者为佳,紫黑色次之,淡红色最下。最好,还要在牵牛花底,叫长着几根疏疏落落的尖细且长的秋草,使作陪衬。

　　北国的槐树,也是一种能使人联想起秋来的点缀。像花而又不是花的那一种落蕊,早晨起来,会铺得满地。脚踏上去,声音也没有,气味也没有,只能感出一点点极微细极柔软的触觉。扫街的在树影下一阵扫后,灰土上留下来的一条条扫帚的丝纹,看起来既觉得细腻,又觉得清闲,潜意识下并且还觉得有点儿落寞,古人所说的梧桐一叶而天下知秋的遥想,大约也就在这些深沉的地方。

　　秋蝉的衰弱的残声,更是北国的特产;因为北平处处全长着树,屋子又低,所以无论在什么地方,都听得见它们的啼唱。在南方是非要上郊外或山上去才听得到的。这秋蝉的嘶叫,在北平可和蟋蟀耗子一样,简直像是家家户户都养在家里的家虫。

　　还有秋雨哩,北方的秋雨,也似乎比南方的下得奇,下得有味,下得更像样。

　　在灰沉沉的天底下,忽而来一阵凉风,便息列索落地下起雨来了。一层雨过,云渐渐地卷向了西去,天又晴了,太阳又露出脸来了;着着很厚的青布单衣或夹袄的都市闲人,咬着烟管,在雨后的斜桥影里,上桥头树底下去一立,遇见熟人,便会用了缓慢悠闲的声调,微叹着互答着地说:

　　"唉,天可真凉了——"(这了字念得很高,拖得很长。)

"可不是吗？一层秋雨一层凉了！"

北方人念阵字，总老像是层字，平平仄仄起来，这念错的歧韵，倒来得正好。

北方的果树，到秋天，也是一种奇景。第一是枣子树；屋角，墙头，茅房边上，灶房门口，它都会一株株地长大起来。像橄榄又像鸽蛋似的这枣子颗儿，在小椭圆形的细叶中间，显出淡绿微黄的颜色的时候，正是秋的全盛时期，等枣树叶落，枣子红完，西北风就要起来了，北方便是沙尘灰土的世界，只有这枣子，柿子，葡萄，成熟到八九分的七八月之交，是北国的清秋的佳日，是一年之中最好也没有的 **Golden Days**。

图1-11-4　西风枣梨山园（丰子恺　绘）

有些批评家说，中国的文人学士，尤其是诗人，都带着很浓厚的颓废的色彩，所以中国的诗文里，赞颂秋的文字的特别的多。但外国的诗人，又何尝不然？我虽则外国诗文念得不多，也不想开出账来，做一篇秋的诗歌散文钞，但你若去一翻英德法意等诗人的集子，或各国的诗文的 **Anthology** 来，总能够看到许多关于秋的歌颂和悲啼。各著名的大诗人的长篇田园诗或四季诗里，也总以关于秋的部分，写得最出色而最有味。足见有感觉的动物，有情趣的人类，对于秋，总是一样地特别能引起深沉，幽远，严厉，萧索的感触来的。不单是诗人，就是被关闭在牢狱里的囚犯，到了秋天，我想也一定能感到一种不能自已的深情；秋之于人,何尝有国别,更何尝有人种阶级的区别呢? 不过在中国,文字里有一个"秋士"的成语,读本里又有着很普遍的欧阳子的《秋声》与苏东坡的《赤壁赋》等,就觉得中国的文人,与秋和关系特别深了。可是这秋的深味,尤其是中国的秋的深味,非要在北方,才感受得到底。

　　南国之秋,当然也是有它的特异的地方的,比如廿四桥的明月,钱塘江的秋潮,普陀山的凉雾,荔枝湾的残荷等等,可是色彩不浓,回味不永。比起北国的秋来,正像是黄酒之与白干,稀饭之与馍馍,鲈鱼之与大蟹,黄犬之与骆驼。

　　秋天,这北国的秋天,若留得住的话,我愿把寿命的三分之二折去,换得一个三分之一的零头。

　　　　　　　　　　　　　　　一九三四年八月,在北平

辑二 爬梳章句理结构

　　文章的结构,是作者逻辑思路的一种外显。厘清文章的结构,把握作者的思路,对于学生真正读懂文章来说至关重要。然而,自古以来的好文章又常常摆脱陈规,独辟蹊径,呈现出独具一格的结构特色。正如近代文章大家林纾所说:"大家之文,每于顶接之先,必删却无数闲话,突然而起,似与上文毫不相涉。"这"突然而起",甚至"突然而止",看上去与上下文毫不相关的"散漫",给学生的阅读带来了不小的障碍。教师就需要引导着学生爬梳章句,接上那"无数闲话",进而梳理出全文精妙的理路。

"面署第一"真的是草率专断之举吗
——读《左忠毅公逸事》

　　《左忠毅公逸事》是桐城派大家方苞的名作,历来受到读者的推崇,被收入沪教版高中语文教材高三下册中。教学方苞的《左忠毅公逸事》一文时,学生提出了一个有意思的问题:"左光斗主持考试,对史可法的试卷'面署第一'是否显得过于草率了?"无独有偶,近日翻阅杂志,读到 2014 年第 11 期《语文教学通讯》上有老师写的《左光斗"目中无人"》一文,对此也有相似的质疑。只不过老师的语气似乎比学生的口气更加坚定了。这位老师在文中写道:"……

类似的还有下文的'及试,吏呼名至史公,公瞿然注视,呈卷,即面署第一'一句,这里写到左公'再见'史公,'瞿然注视'不难理解,但'呈卷,即面署第一'却颇费解:纵然先入为主,也不太可能'呈卷''即面署第一'吧? 如此评卷,岂不太草率太随意太专断太有失公允? 如此的目中无人(众童生),不是有点太离谱了吗? 我们宁愿相信,此只是为文的不严密,而非历史的真实。"那么,"面署第一"真的是左公草率随意之举吗,或者真的是方苞为文不严密吗? 如果我们

图2-1-1　方苞像

细细梳理文本,以联系的、系统的眼光来观照这个细节,就能读出文本深处隐藏着的信息。我们就会发现这个细节绝不是左光斗的草率之举,而又正是方苞为文严密之处。

《左忠毅公逸事》第一段并不长,姑且录之以备梳理。

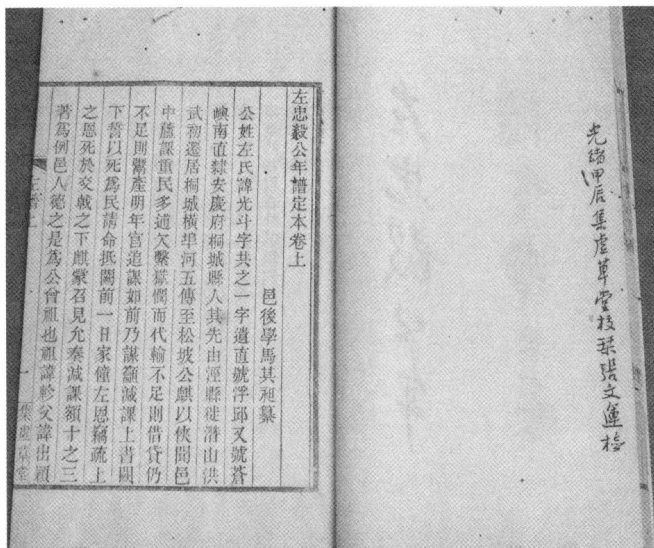

图2-1-2　《左忠毅公年谱定本》(清代集虚草堂刊本)

"先君子尝言,乡先辈左忠毅公视学京畿,一日风雪严寒,从数骑出,微行入古寺。庑下一生伏案卧,文方成草。公阅毕,即解貂覆生,为掩户。叩之寺僧,则史公可法也。及试,吏呼名至史公,公瞿然注视,呈卷,即面署第一。召入,使拜夫人,曰:'吾诸儿碌碌,他日继吾志事,唯此生耳。'"

左光斗任职京畿学政,负责一地的人才选拔。方苞以极精省的笔墨写出了左光斗为国选才的殚精竭虑,巧妙地突出了文题中的一个"忠"字。"风雪严寒"四字,不仅仅交代了天气状况,更写出了左光斗的忠于职守,求贤若渴的心情。试想"风雪严寒"日尚在努力发现人才,更何况"风和日丽"时呢?"微行入古寺",左光斗深入偏僻的寺院,考察那些寄居在寺庙里的贫寒的读书人。试想连僻静的古寺都有了左光斗的行踪,更何况那些聚集着众多学子的学馆呢?因而,我们可以推知学政左光斗在院试之前已经对京畿地区的读书人有了比较广泛和深入的了解了。这也可以说左光斗有了敢于"面署第一"的基础。其实,在江永的《左忠毅公年谱》中写到左光斗任学政期间"每阅卷,燃香,矢日一丝不苟……爱之者就有劝以节劳";在马其昶的《左忠毅公年谱定本》中也有写到"公校阅文艺,必亲必慎,或劝以少休。公曰:吾未遇时,习知其苦,贫士进院一番,作馆亦有生色,今忍忘耶?"因而可知,左光斗考察人才可谓鞠躬尽瘁、慎重有加。既然如此,左光斗选拔人才怎么会是草率而随意的呢?而方苞以仅仅十数字,从时间和空间两个层面写出了左光斗的尽心职守,可谓言极简而意极丰。这样的笔墨怎么能说失之严密呢?只不过方苞作为"桐城派"的领袖人物,为文注重"雅洁",这个"洁"字就是行文尽可能简练,起到以简胜繁、以少胜多之效。因而,这就反过来对读者提出了较高的要求,如果不能细品文心,就不能悉得文意。

图2-1-3　位于安徽桐城的左公祠

当然,左光斗"面署第一"的条件是史可法文章的超拔不群。文中写了左光斗两次读史可法的文章,可以说都为之拍案叫绝。第一次在古寺中,左光斗阅后,"即解貂覆生,为掩户",惜才之意溢于言表;第二次在院试时,左光斗读后,"即面署第一",赏识之心颇可推想。两个"即"字,侧面写出了史可法文章的超拔不俗,深得左光斗之心,同时也将左光斗爱才惜才之心表现得淋漓尽致。特别是第二个"即"字,绝不说明左光斗行为之随意草率,而是表现出左光斗为国得一良才后的激动喜悦。这第二个"即"字,也不能说明"面署第一"之举是左光斗的一时兴起,而显示的恰恰是理性判断。因为正如前文所说,院试之前左光斗对京畿地区的人才已经有了比较深入的了解,因而两次读过史可法的文章之后,他基本可以判定京畿地区已经无出其右,于是果断地做出了"第一"的决定。而且,后文"内室召见"左光斗言"继吾志事,惟此生耳",特别是一个"惟"字也再次补证了左光斗考场判断("面署第一")的准确。另外,我们需要注意的是左光斗评判文章的标准,他绝不会以艺术技巧为第一标准,而应以作者的志向见识为取向的。在"继吾志事,惟此生耳"一语中,左光斗强调"志事"即可看出。这在现存的《左忠毅公集》中也可见一斑,左光斗留下来的诗文,留心经世致用之说,国计民生之策,饱含爱国忧民之志,对后世"桐城派"也有深刻的影响。

总之,"面署第一"这一举动,有左光斗对人才深入广泛的考察为基础,有两次读史可法文章深得其心为条件,有考后左光斗"惟此生耳"的判断为佐证。因而,这绝不是左光斗专断草率之举,同时也不是方苞为文有失严密之处。相反,这个细节正是左光斗谨慎严肃之举,当然更反映出左公为国选材的迫切之心;这也是方苞为文极为细密之处,作者剪裁材料的功夫实在令人叹服!

其实,本文中像这样的令人生疑的细节还有很多,例如,左光斗对史可法"爱"与"怒"前后态度的矛盾,狱中左光斗身体极其虚弱却能目光如炬、怒斥史可法的"不合常情",第二段中"三次流泪"的史可法与第三段中"数月不就寝"坚毅无比的史可法之间的反差,如此等等,不一而足。如果我们细细探究这些疑惑,将前后的信息联系起来思考,就会发现这些又是方苞文章极精妙的地方。

因而,学生有时提出来的问题是极有价值的。如果我们教师能够利用这样的质疑,细细梳理文本,引导学生联系文本前后内容,读出文本背后隐藏的信息,这无疑将是极精彩的课堂境界。要达到孙绍振先生所说的课堂境界,"语文老师一定要讲出学生感觉到又说不来,或者认为是一望而知,其实一无所知的东西来"(上海教育出版社 2009 年版《名作细读》中语),这样的文本细读也许是最坚实的基础。

【附】

左忠毅公逸事

【清】方　苞

先君子尝言,乡先辈左忠毅公视学京畿,一日风雪严寒,从数骑出,微行入古寺。庑下一生伏案卧,文方成草。公阅毕,即解貂覆生,为掩户。叩之寺僧,则史公可法也。及试,吏呼名至史公,公瞿然注视,呈卷,即面署第一。召入,使拜夫人,曰:"吾诸儿碌碌,他日继吾志事，唯此生耳。”

及左公下厂狱，史朝夕狱门外。逆阉防伺甚严，虽家仆不得近。久之，闻左公被炮烙，旦夕且死，持五十金，涕泣谋于禁卒，卒感焉。一日使史更敝衣，草屦，背筐，手长镵，为除不洁者，引入。微指左公处，则席地倚墙而坐，面额焦烂不可辨，左膝以下筋骨尽脱矣。史前跪抱公膝而呜咽。公辨其声，而目不可开，乃奋臂以指拨眦，目光如炬，怒曰：“庸奴！此何地也，而汝来前！国家之事糜烂至此，老夫已矣，汝复轻身而昧大义，天下事谁可支柱者？不速去，无俟奸人构陷，吾今即扑杀汝！”因摸地上刑械作投击势。史噤不敢发声，趋而出。后常流涕述其事以语人，曰：“吾师肺肝，皆铁石所铸造也！”

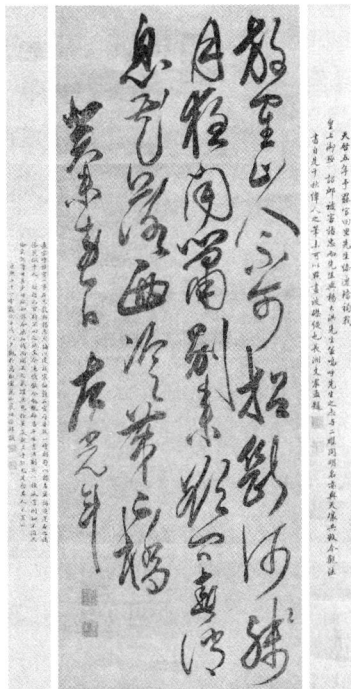

图2-1-4　左光斗书法

崇祯末，流贼张献忠出没蕲、黄、潜、桐间，史公以凤庐道奉檄守御。每有警，辄数月不就寝，使将士更休，而自坐幄幕外。择健卒十人，令二人蹲踞而背倚之，漏鼓移则番代。每寒夜起立，振衣裳，甲上冰霜迸落，铿然有声。或劝以少休，公曰：“吾上恐负朝廷，下恐愧吾师也。”

史公治兵，往来桐城，必躬造左公第，候太公、太母起居，拜夫人于堂上。

余宗老涂山，左公甥也，与先君子善，谓狱中语乃亲得之于史公云。

一个"骤"字理全章
——谈《前赤壁赋》的结构艺术

苏轼的《前赤壁赋》是中学教材中的经典选文,也收入了沪教版教材高二上册,相关的注释解读文章也颇多。其中"知不可乎骤得,托遗响于悲风"一句中的"骤"字有两种不同的理解。华师大版语文教材上注释"骤得"为"多得,多有所得",而配套的语文参考书中对此译为"轻易得到"。该取何解,学生对此就产生了疑惑。《语文学习》(2010年第4期)上苗帮苓老师的《"飞仙""长终""骤得"补商》一文从训诂学的角度做了详细的解说。苗老师引《楚辞·九歌·湘夫人》中"时不可兮骤得,聊逍遥兮容与"来论证本文中"骤得"当训为"多得",这当是确论。只是,在教学中,若学生发生这样的疑惑,训诂学的方法固然是不错的,但是若能引导学生从文本内部提取信息解疑答惑,那也许会使学生对文本的理解更加深入。

图2-2-1　赤壁夜游图(冯忠莲绘)

文章第三段中,作者借客之口感慨人生的悲哀。其中主要有两层悲叹。第一层,"哀吾生之须臾,羡长江之无穷",人生是短暂与渺小的,这在"我"与永恒的大自然的对比、与英雄曹操的比较中显得尤为动人。这当然是从生命的角度触发的感伤。另一层,"知不可乎骤得,托遗响于悲风",这是从个人的角度生发的更深层次的悲哀。生命短暂固然让人感伤,但是如果在这短暂的生命中"挟飞仙以遨游,抱明月而长终",始终过着自由闲适的生活,那也是对有限生命的一点安慰。而因为种种原因,外界政治的原因或自身心态的原因等,此时这样安宁自由的片刻恐怕在生命中也不能多得,这就让人更悲哀了。

而在第四段中,作者试图以人生哲学来排解这样的悲哀。从行文来看,作者是紧紧扣准第三段抒发的两层悲哀来议论的。作者先从"变与不变"的角度来消解人生短暂渺小之悲。"自其变者而观之",天地都是瞬间之物,更何况看似永恒的长江呢? 而"自其不变者观之",万物和我又都是无尽的。那么也就不用羡慕长江的无尽而哀叹生命的短暂了。然后作者从"取与不取"的角度来排解生命的悲哀。清风明月,取之不禁,用之不竭。只要内心恬淡,"苟非吾之所有,虽一毫而莫取",即使生命短暂,"取之不禁"的清风明月也可以使短暂的生命获得永久的安慰。

因而,我们可以看出,第四段的两层说理正是紧紧地对应着第三段中表达的两层生命困惑的。那么,第三段"知不可乎骤得"中的"骤得"就应解为"多次得到",全句意为"知道这样携友畅游、饮酒赋诗的机会并不能多得"。因为第四段中"一毫而莫去"以及"取之不禁,用之不竭"等词,都在强调"清风明月"数量之"无尽"多,足以使人时刻内心安宁而舒畅自由。这样的话,我们不但能够正确地解读"骤"字的含义,更重要的是,也能充分感受到苏轼文章的结构之严谨与精妙。

　　其实,《前赤壁赋》结构严谨之处,也不乏他例。如上文提到的"我"与曹操的比较。作者并不是简单地以"英雄"与"贬官"之间地位的相较,来引发思考:像曹操这样的大英雄都消逝在历史的烟云之中,更何况一个普通的贬官在历史潮流之中的命运呢? 作者在这部分巧妙地设置了两个情境,处处对比,上下呼应,就使得"生命短暂渺小"的感慨更为深刻了。同在长江赤壁之边,上言"舳舻千里",凸显曹操的实力强劲;下言"一叶之扁舟",凸显"我"的生命的弱小;上言"酾酒临江,横槊赋诗",体现曹操的豪迈奋发,下言"匏樽相属""诵明月之诗,歌窈窕之章",蕴含失意朋友之间的抚慰。因而,这部分文字可以说是句句相对,始终从不同的角度强化曹操与"我"的差别,从而使得作者对人生的悲叹之情更能感染读者。

　　另外,"清风""江水""明月"的意象始终贯穿全文,这也是本文突出的构思特色。第一段中,作者抓住这三个意象,营造了一个晶莹剔透、静谧舒畅的艺术境界。第二段中作者将"明月""江水"无形地化入"歌"中,触发了"我"与"客"的悲思。第三段中再由"清风""明月""江水",联想到曹操的诗,进而想到赤壁之战,并以此发出"生命短暂渺小"的慨叹。第四段中作者又由"清风""明月"取譬,试图以自己的哲学排解人生的苦闷。最后以"不知东方之既白"收束全文,"月落日出"显示出主客转悲而为喜,尽兴而酣睡。

　　因而,《前赤壁赋》不仅仅是一篇情理相融

图2-2-2 (元)赵孟頫书《赤壁赋》

的优秀散文,更是一篇结构精巧的佳构妙制。在这样结构谨严的文言文的教学中,对于文字的理解,教师不仅仅只有训诂学的方法,也可以引导学生从结构的角度来印证探析,包括句法结构、段内结构、篇章结构等方面。这样的话,学生不仅仅掌握了字词的含义,也深层次地理解了文章的意蕴。

【附】

赤 壁 赋

【宋】苏 轼

　　壬戌之秋,七月既望,苏子与客泛舟,游于赤壁之下。清风徐来,水波不兴。举酒属客,诵明月之诗,歌窈窕之章。少焉,月出于东山之上,徘徊于斗牛之间。白露横江,水光接天。纵一苇之所如,凌万顷之茫然。浩浩乎如冯虚御风,而不知其所止;飘飘乎如遗世独立,羽化而登仙。

图 2-2-3　赤壁图(金·武元直　绘)

　　于是饮酒乐甚,扣舷而歌之。歌曰:"桂棹兮兰桨,击空明兮溯流光。渺渺兮于怀,望美人兮天一方。"客有吹洞箫者,倚歌而和之。其声呜呜然,如怨如慕,如泣如诉,余音袅袅,不绝如缕。舞幽壑之潜蛟,泣孤舟之嫠妇。

苏子愀然,正襟危坐而问客曰:"何为其然也?"客曰:"'月明星稀,乌鹊南飞',此非曹孟德之诗乎? 西望夏口,东望武昌,山川相缪,郁乎苍苍,此非孟德之困于周郎者乎? 方其破荆州,下江陵,顺流而东也,舳舻千里,旌旗蔽空,酾酒临江,横槊赋诗,固一世之雄也,而今安在哉? 况吾与子渔樵于江渚之上,侣鱼虾而友麋鹿,驾一叶之扁舟,举匏樽以相属。寄蜉蝣与天地,渺沧海之一粟。哀吾生之须臾,羡长江之无穷。挟飞仙以遨游,抱明月而长终。知不可乎骤得,托遗响于悲风。"

苏子曰:"客亦知夫水与月乎? 逝者如斯,而未尝往也;盈虚者如彼,而卒莫消长也。盖将自其变者而观之,则天地曾不能以一瞬;自其不变者而观之,则物与我皆无尽也,而又何羡乎? 且夫天地之间,物各有主,苟非吾之所有,虽一毫而莫取。惟江上之清风,与山间之明月,耳得之而为声,目遇之而成色,取之无禁,用之不竭,是造物者之无尽藏也,而吾与子之所共适。"

客喜而笑,洗盏更酌。肴核既尽,杯盘狼籍。相与枕藉乎舟中,不知东方之既白。

为何独不哭妻

——谈《项脊轩志》中的一个疑惑

《**项**脊轩志》是明代归有光的名文,收在沪教版高一下语文教材之中。此文以百年老屋项脊轩的几经兴废为经,穿插叙写了对母亲、祖母、妻子的回忆,一往情深,极其动人。清代散文家姚鼐在《古文辞类纂》(上海古籍出版社 2016 年版)中评价此文:"此太仆最胜之文,然亦太苦。"关于这个"苦"字,学生提出了一个有意思的疑问:文章写母亲之时,有"余泣,妪亦泣"之句;写祖母之时,有"令人长号不自禁"之句;为什么写妻子之时,没有"痛哭流涕"呢?

要解答这个问题,首先要明白这是一篇结构较为特殊的文章,分为两部分。"余既为此志"之前是第一部分,为作者在明世宗嘉靖三年(1524 年)所写,此时归有光十八岁;"余既为此志"之后是另一部分,为作者三十岁之后的补记。而且值得注意的是,沪教版教材中将第一部分后的"赞论"也删去了。这段"赞论"并不长,对于理解文章第一部分颇为紧要,故录于其下,以备分析:

> 项脊生曰:"蜀清守丹穴,利甲天下,其后秦皇帝筑女怀清台。刘玄德与曹操争天下,诸葛孔明起陇中。方二人之昧昧于一隅也,世何足以知之? 余区区处败屋中,方扬眉瞬目,谓有奇景。人知之者,其谓与坎井之蛙何异?"
>
> (录自沪教版教材《项脊轩志》课后"思考与练习"题)

从教材编者的用意来看,将"赞论"部分删去,再补上第二部分,使得文章更为流畅贯通,更像传统的一篇文章样式。但是,这样一删也使得第一部分的主题很容易被误解,"亲情"的元素被强化了,而"抱负"的因素被淡化了。

其实,文章的第一部分以项脊轩的衰败和修复为起点是很具有象征意味的。一座"百年老屋"是足以让人自豪的,但现在却"尘泥渗漉",破败不堪;作者对其稍加修葺,使其焕然一新,并读书轩中,怡然自乐。这一段对老屋的描述中有两点是值得注意的。

图2-3-1 (明)归有光之塑像

第一,"百年老屋"隐含着的自豪感是和家族曾经的荣耀紧密相连的。归有光的祖上曾是很兴旺的,《震川先生集·卷之十三·叔祖存默翁六十寿序》中记载:"昔我归氏,自工部尚书以下,累叶荣贵,迄于唐亡。吴中相传谓之著姓",《归氏世谱后》中也有记载:"吾归氏虽无位于朝,而居于乡者甚乐。县城东南列第相望,宾客过从,饮酒无虚日,而归氏世世为县人所服,时人为之语曰:'县官印,不如归家信。'"由此可以想见归氏一族曾经的荣耀和威望。但是,现在的归家正同这"百年老屋"一样衰败不堪。文中第二段这样叙述:"迨诸父异爨,内外多置小门,墙往往而是。东犬西吠,客逾庖而宴,鸡栖于厅。庭中始为篱,已为墙,凡再变矣。"短短数言,"门""墙""篱""墙"等字接连出现,给人一种强烈的阻隔感,淋漓尽致地凸显了兄弟阋墙的家族悲剧。而作者在《归氏世谱后》中谈到自己的祖父归度恰恰曾以"析生"(分家之意)为家族之戒:"为吾子孙,而私其妻子以求析生者,以为不孝,不可以列于归氏。"由此也可以见得,此时的归家已显出老屋将倾、分崩离析之态了。曾经的荣耀和现在的衰微,会在年轻的归有光的心头掀起怎样的悲凉!因而,当作者起笔就写"百年老屋"的衰败之时,恐怕更多流露的是对家族衰微的感慨。对"百年老屋"的修复也暗示着自己对家族振兴的期待与担当。

　　第二点值得注意的是,"项脊轩"的功能。在修葺"百年老屋"的过程中,扮演着最重要的角色是书。"借书满架,偃仰啸歌,冥然兀坐,万籁有声",书的妆扮唤醒了项脊轩的生命,恢复了项脊轩的生机。这同样富有很强烈的暗示意义。重振家族的雄风和荣耀,靠的是读书,靠的是仕进。所以第一段写自己在项脊轩中"偃仰啸歌,冥然兀坐",第二段借祖母之口写自己"竟日默默在此,大类女郎",第三段写自己"扃牖而居,久之,能以足音辨人",这些记述都突出地表现了作者期望通过自己的努力读书来振兴自己的家族。

　　而且他对自己的这种期待和担当也是充满信心的。第三段中写项脊轩"凡四遭火,得不焚,殆有神护者",这所百年老屋虽然经受各种磨难,但却始终屹立不倒,作者认为是有神灵相佑的。那么,这就意味着他深信这个百年大家也会屹立不倒甚而再度振兴的。表面上他认为这是得到上苍神灵的保佑,但是一个"殆"字流露出这不过是一种委婉之辞,作者真正想表达的恰是他对振兴百年旧家的自信。再看那段被删去的"赞论",作者以蜀清和诸葛亮自比,虽然一时"昧昧于一隅",但终会扬名天下、建立奇业。粗看上去是一种自我调侃的口吻,但是那种非凡的自信已然洋溢在字里行间。由此可见,本文第一部分真正的主旨并不是以忧伤的笔调抒写亲情,而是自信地表达振兴家族的抱负。而原文中的"赞论"部分也正是以蜀清、诸葛亮自比,抒发作者扬名天下的抱负。"赞论"部分恰是对第一部分叙述的升华和点睛。因此,沪教版教材贸然将这段赞论删去是值得商榷的。

　　在此基础上,我们再来看学生提出的疑问。作者写自己回忆母亲和祖母后,落泪甚至号哭,这里的"哭"固然有痛失亲人的悲伤,但这毕竟是生命规律使然,因而并不显得绝望。我们感受到的反而是一种生命的振奋,作者努力地凭借读书振兴家族,实现母亲和祖母的期待。《先妣事略》(钱仲联编《归有光文选》,苏州大学出版社 2001 年版)中归有光写母亲周孺人课子读书,"孺人中夜觉寝,促有光暗诵《孝经》,即熟读,无一字龃龉,乃喜",期盼之情溢于言表。本文中写祖母时,更是侧重写祖母对自己的殷切期待。"吾家读书久不效"写的是祖母对归家颓势的忧虑,"儿之成,则可待乎""他日汝当用之",则是写祖母对自己振兴家业的信心。而归有光对这种期待也是满怀信心的,只是功业尚未成就,斯人已然逝去,因而回忆及此,落泪号哭。但是"哭"中隐藏的更是一种异常强烈的渴望,一种绝不负人的志愿。这是十八岁的归有光的心态。

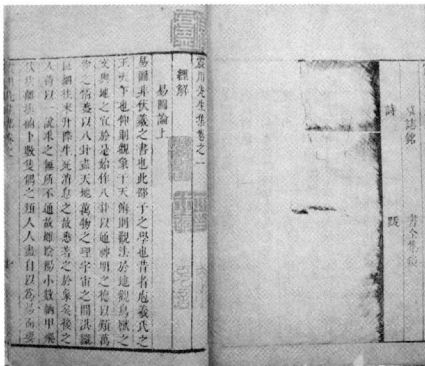

图 2-3-2 《震川先生集》书影(清刻本)

而写"妻子"那段补记,据文章内容推断,至少在十三年之后。这段文字明写作者与妻子的鹣鲽情深,但是细细思量,却是暗写妻子对自己读书仕进的信心。如妻子"从余问古事""凭几学书"以及归宁后与诸小妹谈论南阁子等小事,处处都有归有光的身影,笔笔都与读书相关,凸显出妻子对归有光学问的仰慕和信心。但是世事难料,曾经意得志满的归有光在科场之路上异常的坎坷,"八上春官不第",三十五岁方为举人,六十岁始中进士。《震川先生集·卷之十六·上阁老书》中谈到:"应举连蹇不遇,常恨生当太平之盛,徒抱无穷之志,而年往岁徂,茕然无所向往。"科场的连年蹭蹬使归有光感到自己的前途渺茫晦暗,失去了十八岁时那种昂扬的信心与信念。补记中写到"百年老屋"时,用"室坏不修""其制稍异于前""不常居"等词句,这不仅写出了项脊轩再度破败的状态,也透露出作者对振兴家业的无奈与无望,让人感受到的是一股颓废之气。因而,此时写及妻子曾经的期待,作者内心恐怕更多的是自责感与幻灭感。眼泪从某种程度上说是一种心灵的抚慰和意志的振发，恰恰是不足以表达作者此刻内心的压抑与苦闷的。而这种无法直言的痛楚就寄寓在那棵亭亭如盖的枇杷树中了，寄情于景，反而显得意蕴深远，摇曳不尽了。

因此，要回答学生的问题，须得明白这篇文章特殊的结构形式，亦须补上那段被删去的"赞论"。其实，"赞论"的保留不仅使得第一部分的主题更为明晰，还使得全文的主题得到了进一步深化。我们以往总觉得一篇散文只能有一个主旨，所谓的"形散神聚"似乎是千古不易的道理，因而删去赞论使得文章成为一个贯通的抒写亲情之整体，这成了很多古文选本和语文教材选择的思考。但是这样做却使得文章原本深沉的主题被浅化了。因为前后两个部分完整地放在一起，仍由"项脊轩"贯穿，就超越了亲情的表达与体悟、抱负的实现与幻灭等单一范畴，反映出了个体在不同人生阶段对生命和社会复杂的体验与思考。两个人生阶段体验的张力更具有普遍意义，也更能引发不同读者的共鸣，这才是这篇文章真正的生命力之所在。

【附】

项 脊 轩 志

【明】归有光

项脊轩，旧南阁子也。室仅方丈，可容一人居。百年老屋，尘泥渗漉，雨泽下注，每移案，顾视无可置者。又北向，不能得日，日过午已昏。余稍为修葺，使不上漏；前辟四窗，垣墙周庭，以当南日，日影反照，室始洞然。又杂植兰桂竹木于庭，旧时栏楯，亦遂增胜。借书满架，偃仰啸歌，冥然兀坐，万籁有声。而庭阶寂寂，小鸟时来啄食，人至不去。三五之

图 2-3-3　归有光像

夜,明月半墙,桂影斑驳,风移影动,珊珊可爱。

　　然余居于此,多可喜,亦多可悲。先是,庭中通南北为一。迨诸父异爨,内外多置小门,墙往往而是。东犬西吠,客逾庖而宴,鸡栖于厅。庭中始为篱,已为墙,凡再变矣。家有老妪,尝居于此。妪,先大母婢也,乳二世,先妣抚之甚厚。室西连于中闺,先妣尝一至。妪每谓余曰:"某所,而母立于兹。"妪又曰:"汝姊在吾怀,呱呱而泣。娘以指叩门扉曰:'儿寒乎? 欲食乎?'吾从板外相为应答……"语未毕,余泣,妪亦泣。余自束发读书轩中。一日,大母过余曰:"吾儿,久不见若影,何竟日默默在此,大类女郎也?"比去,以手阖门,自语曰:"吾家读书久不效,儿之成,则可待乎!"顷之,持一象笏至,曰:"此吾祖太常公宣德间执此以朝,他日汝当用之!"瞻顾遗迹,如在昨日,令人长号不自禁。

　　轩东故尝为厨,人往,从轩前过。余扃牖而居,久之,能以足音辨人。轩凡四遭火,得不焚,殆有神护者。

　　余既为此志,后五年,吾妻来归。时至轩中,从余问古事,或凭几学书。吾妻归宁,述诸小妹语曰:"闻姊家有阁子,且何谓阁子也?"其后六年,吾妻死,室坏不修。其后二年,余久卧病无聊,乃使人复葺南阁子,其制稍异于前。然自后余多在外,不常居。

　　庭有枇杷树,吾妻死之年所手植也,今已亭亭如盖矣。

图2-3-4　枇杷山鸟图(宋·林椿　绘)

众人纷纷何足竞
——谈《游褒禅山记》中的"志"

《**游**》褒禅山记》是王安石的名文,收在沪教版高二上语文教材之中。与一般游记不同的是,本文是一篇记游和议论相结合的散文,文章第一、二段记游,第三、四段议论。特别值得一提的是,记游中的每一处文字都为后文的议论服务,议论中的每一处文字在前文都有铺垫,记游和议论精妙地统一在一起,一方面体现出作者的切磋琢磨之功,另一方面也展现了作者严密的逻辑思维。吴楚材、吴调侯编的《古文观止》(中华书局 2004 年版)中即此评论道:"一路俱是记游,按之却俱是论学。"因而,要准确理解文中第三、四段的议论,不妨仔细梳理第一、二段的记游。教授《游褒禅山记》时,有个学生提出一个疑问:第三段中论述要看到"世之奇伟、瑰怪、非常之观","志""力""物"不可或缺。那么,其中的"志"和"不随以止也""而又不随以怠"是什么关系?

看似一个简单的问题,但问及其他学生,也说不大清楚。甚至有同学说,若将"不随以止也"以及"而又不随以怠"两句拿掉,似乎也并不影响文意。此部分文字不长,兹录于下:

> 而世之奇伟、瑰怪、非常之观,常在于险远,而人之所罕至焉,故非有志者不能至也。有志矣,不随以止也,然力不足者,亦不能至也。有志与力,而又不随以怠,至于幽暗昏惑而无物以相之,亦不能至也。

若按学生的意见处理,删去"不随以止也"以及"而又不随以怠"两句,则为:

　　而世之奇伟、瑰怪、非常之观,常在于险远,而人之所罕至焉,故非有志者不能至也。有志矣,然力不足者,亦不能至也。有志与力,至于幽暗昏惑而无物以相之,亦不能至也。

　　粗看这两段文字,确实差距不大。但仔细涵泳则不然。考虑到第二段和第三段紧密的逻辑关联,不妨从第二段的记游中去分辨。看第二段的记叙,作者是什么原因没有达到后洞的尽头而"不得极夫游之乐"呢?文中写道:"予之力尚足以入""火尚足以明"。这说明"力"和"物"并不缺,若做简单的推理,那么这次游山没有达到理想境地的原因是缺"志"。再看前文中作者写自己半途而止的场景:"有怠而欲出者,曰:'不出,火且尽。'遂与之俱出。"由此可知,半途中止,是由于跟随"怠而欲出者"造成的。这里将真正的原因归为"随"——盲目跟随。而为什么会"随",就不仅仅是因为无"志",而是没有坚定的"志"。

　　基于这样的分析,再来看删去"不随以止也"以及"而又不随以怠"两句的第三段,这里只强调了"志",而将"坚定"的意思给丢了。这就破坏了第二段、第三段之间严密的逻辑关系,恐怕也与王安石认为的游山半途而废的原因是不相符的。这样看来,"有志"与"不随以止也"之间,"有志与力"与"而又不随以怠"之间是递进关系,只是有志还不够,还必须有坚定的志向。2016年4月的《语文教学之友》载有梁曦先生一文《〈游褒禅山记〉备课札记》,梁先生文中将第三段的"怠"字理解为兼有"疲倦"和"懈怠"两种意思,进而说"有志矣"与"不随以止也"之间,"有志与力"与"而又不随以怠"之间是因果关系。且不说一个字兼有两种意思是否妥当,"有志"是否就能"不随以止",这恐怕是值得商榷的;再说后句,若"怠"解为"疲倦"和"懈怠","而又不随以怠"与"有志与力"能形成因果关系,但是"而又不随以怠"强调的是"不随"而不是"怠",因而说这两句之间有因果关系就显得非常牵强了,这样的话,"怠"字也不必费劲地解为兼有"疲倦"和"懈怠"两种意思。

　　其实,"志"之"坚"是王安石终其一生始终坚守的品质,特别是在熙宁变法期间,这种"坚定之志"得到了充分的体现。而对"志向坚定"形成最大威胁的是人言,这一点他非常清醒,这也是他在《游褒禅山记》中如此强调"不随以止""不随以怠"的原因。《宋

图 2 - 4 - 1　王安石像

史·王安石列传》中说"安石性强忮,遇事无可否,自信所见,执意不回",又说他甚至提出"天变不足畏,祖宗不足法,人言不足恤",这些都可见得王安石对"人言"、对"随"的高度警惕。他明白,仅有变法之志是远远不够的,还要有非常坚定之志、百折不饶之志。这场熙宁变法在推行过程中限制了豪强贵族的一些特权,损害了他们的利益,又因为新法本身的一些弊端,因而一开始就遭到来自各个层面的强烈反对,既有代表豪强贵族的大官僚阶层,也有对变法方案持不同看法的中下层官僚和知识分子。司马光就是这个反对集团的领袖人物。他们不仅对新法发起了猛烈的攻击,甚至对王安石的为人也含沙射影,如托名为苏洵所作的《辨奸论》便是影响最广泛的攻击之文。而面对反对的人言巨浪,王安石丝毫不为所动,坚定地予以反驳,实践着他"人言不足恤"的信念,这也正是他在《游褒禅山记》中提到的要"尽吾志"方能"无悔"! 在这场变法期间,他写的一首《众人》(高克勤撰《王安石诗文选评》,上海古籍出版社 2002 年版)也可互参,兹录于下:

众　　人

众人纷纷何足竞,是非吾喜非吾病。

颂声交作莽岂贤,四国流言旦犹圣。

唯圣人能轻重人,不能铢两为千钧。

乃知轻重不在彼,要之美恶由吾身。

　　此诗开篇即说"众人纷纷何足竞",自己绝不会理睬那些反对变法的"众人"的声音。变法的正确与否,绝不是"众人"能衡量的,最关键的是自身的言行,也就是诗中"乃知轻重不在彼,要之美恶由吾身"之意。这首诗就集中体现了面对"众人"的反对之声,王安石坚决"不随以止"、坚决"不随以怠"的意志。

　　由此看来,对《游褒禅山记》一文中的"不随以止""不随以怠"要引起足够的重视。以往提到《游褒禅山记》中第三段的议论之时,我们总是习惯性地说"志""力""物",也会简单地将文本阐述的道理归结为"成事要具备志、力、物三个条件",只片面强调"志",而不提"尽志"或说"坚定之志",这与作者王安石的意图是不合的,也不能深刻地体会文章前后文记叙、议论之间紧密的呼应关系。

　　因而,有时细细琢磨学生提出的一些看似简单的问题,也许是很有味道的。

【附】

游褒禅山记

【宋】王安石

图2-4-2　华阳洞

　　褒禅山亦谓之华山,唐浮图慧褒始舍于其址,而卒葬之,以故其后名之曰褒禅。今所谓慧空禅院者,褒之庐冢也。距其院东五里,所谓华山洞者,以其乃华山之阳名之也。距洞百余步,有碑仆道,其文漫灭,独其为文犹可识,曰"花山"。今言"华"如"华实"之"华"者,盖音谬也。

其下平旷,有泉侧出,而记游者甚众——所谓前洞也。由山以上五六里,有穴窈然,入之甚寒,问其深,则其好游者不能穷也——谓之后洞。余与四人拥火以入,入之愈深,其进愈难,而其见愈奇。有怠而欲出者,曰:"不出,火且尽。"遂与之俱出。盖予所至,比好游者尚不能十一,然视其左右,来而记之者已少。盖其又深,则其至又加少矣。方是时,予之力尚足以入,火尚足以明也。既其出,则或咎其欲出者,而余亦悔其随之,而不得极夫游之乐也。

于是余有叹焉。古人之观于天地、山川、草木、虫鱼、鸟兽,往往有得,以其求思之深而无不在也。夫夷以近,则游者众;险以远,则至者少,而世之奇伟、瑰怪、非常之观,常在于险远,而人之所罕至焉,故非有志者不能至也。有志矣,不随以止也,然

图2-4-3　荆公回步之处

力不足者,亦不能至也。有志与力,而又不随以怠,至于幽暗昏惑而无物以相之,亦不能至也。然力足以至焉,于人为可讥,而在己为有悔;尽吾志也而不能至者,可以无悔矣,其孰能讥之乎? 此余之所得也。

余于仆碑,又以悲夫古书之不存,后世之谬其传而莫能名者,何可胜道也哉! 此所以学者不可以不深思而慎取之也。

四人者:庐陵萧君圭君玉,长乐王回深父,余弟安国平父、安上纯父。

至和元年七月某日,临川王某记。

无须证明的论点
——谈《师说》的论证结构

图 2 - 5 - 1 韩愈像

《师说》是韩愈的古文名篇，沪教版高二下语文教材收有此文。这篇文章写于唐贞元十八年(802 年)，韩愈针对当时社会上轻视师道的风气做了有力的批评，指出了老师的职责，提出了从师的意义以及择师的标准。特别是那句对老师职责的界定"师者，所以传道受业解惑也"，已经成为千古名句，是千百年来老师对自己职业的定位和学生对老师职责的期待。当然韩愈《师说》中的"道""业""惑"是儒家之道、儒学之业和与儒学经典相关的疑惑，这也就是韩愈明确指出的"授之书而习其句读者，非吾所谓传其道解其惑者也"。虽然我们现在对"道""业""惑"的理解已经与韩愈的理解不一致了，但是这并不妨碍这一经典论述的流传。从文体来看，这是一篇典型的古代论说文，文章题目中就有明显的文体标志"说"。"说"就是一类以阐释、议论为主的说理文章。在教学之中，我们也常将本文当作议论文的典范文章来教，学生以之为典范的议论文来学。在学习本文之时，有几位学生提出了相似的问题：韩愈这篇名文怎么跟我们印象中典范的议论文不太一样，它的论证结构是怎样的呢？

这是一个值得探讨的好问题。的确，这篇文章与我们脑海中典型的议论文,或者说与我们认为的议论文格式不太符合。首先,从论点而言,文章找不到一句话明确地表达作者的中心观点。一般而言,我们典范的议论写作总是有明确的中心观点句。比如苏洵的《六国论》开首就提出全文的中心论点"六国破灭,非兵不利,战不善,弊在赂秦"。又如欧阳修的《伶官传序》中开头就提出中心论点"盛衰之理,虽曰天命,岂非人事哉"。但是,《师说》中很难找到这样一句中心论点。当然,作者的核心观点是非常明确的,比如文章开头就说"古之学者必有师"暗示的就是当代的求学之人不从师;第二段开首即说"师道之不传也久矣",也直指当时师道不传的恶劣风气,因而作者倡导求学之人要从师的立场是非常明确的,也就是《古文观止》中吴楚材、吴调侯两人的论断:通篇只是"吾师道也"一句。但这终究跟中学生阅读与写作的议论文不太一致。其次,从论证结构而言,本文也不具备典范的议论文结构。一般而言,提出观点、分析论证、得出结论,这是我们通常遵循的论证结构。但是《师说》并不是依照这样的结构。简而言之,此文第一段论述师的功能,从师的原因以及择师的标准;第二段以三组对比批判了轻视师道的行为;第三段论述从师"无常师";最后一段说明写作《师说》的缘由。粗粗看来,论述固然清晰,但是文章内部的联系让人颇费琢磨,更与我们熟悉的结构相异。我们发现我们掌握的理论,尤其是教给学生的那套议论文写作理论,无法解释一篇经典名文。这不禁让我们想起了歌德的那句名言:理论是灰色的,生命之树常青。当我们机械地运用理论去解释丰富多彩的写作实践时,尤其显得苍白无力。

图 2 - 5 - 2　柳宗元像

其实一篇文章能够经过时间的淘洗成为文学经典,正是遵循着写作规律,同时又显得随物赋形、灵动变化。以中心论点而论,只要表达的立场明确,未必非得有一中心论点句。古代许多论述类名文,即使题目中即标有"说""论"等词的议论文,未必都有明确的中心论点句,以中学语文教材中的选文而论,荀子的《劝学》、贾谊的《过秦论》、韩愈的《马说》等都没有典型的中心论点句。更何况,《师说》并不是论证型的议论文,韩愈在文中的主张"要从师"其实无须证明,可以说是不言自明的道理,近乎常识。因而文章真正用来阐述"从师"的理由的笔墨只有两句:"人生而知之者,孰能无惑? 惑而不从师,其为惑也,终不解矣。"而本文的重心却在于揭示常识虽明、道理虽易,但世俗风气却一反常识、不明道理的荒谬情形。当时的社会风气,柳宗元在他的《答韦中立论师道书》(《柳河东集》,上海古籍出版社 2008 年版)中谈得很清楚:"由魏晋氏以下,人益不事师。今之世不闻有师,有,则哗笑之,以为狂人。独韩愈奋不顾流俗,犯笑侮,收召后学,作《师说》,因抗颜而为师。世群怪聚骂,指目牵引,而增与为言辞。愈以是得狂名居长安,炊不暇熟,又挈挈而东,如是者数矣。"可见当时社会风气与常识的严重背离。文章的重心就是在第二段中揭示出背离常识的荒谬,而不是论证常识的正确。既然不是论证型的议论文,不是论证一个区别于别人或者说独创的看法、认识,论点似乎也不必刻意标在文首。当然,这不并妨碍文章有清晰的立场。

再说文章的论证结构。如果我们摆脱脑中关于议论文的一些成见,那么会发现这是一篇结构精妙、逻辑严密的论说文。文章第一段先以"古之学者必有师"引出"从师"的话题,也暗示时风。接着界定"师"的作用,进而提出"从师"的缘由,最后推出"从师"的标准。这一段从话题引入、是什么、为什么、怎么样四方面论述,层层深入,一气呵成,自成一个完整的论述段,也成为全文的一个纲领段落。如果说第一段是"纲"的话,那么第二、第三段就是"目"。

文章第二段即承着第一段中"为什么"来写,这在第二段开首就能看出。"师道之不传也久矣！欲人之无惑也难矣"即承续了第一段中"人生而知之者，孰能无惑？惑而不从师，其为惑也，终不解矣"的论述。当然这一段不再从学理上去论述从师的必要性了，因为如上文所言，从师的道理近乎常识，已不必多谈。于是作者将笔墨集中在现实社会风气的批评上。常识如此显豁，但时风却违逆常识而行。文章用了三个对比——古之圣人与今之众人的从师态度、士大夫在从师问题上对待自己与对待孩子的态度、巫医乐师百工之人与士大夫的从师态度——揭示出了当时社会中的荒谬氛围，并分别用"愚""遗""怪"三个字点出时风发展之恶果。因为立足现实、对比鲜明，所以本段说理就显得切中时弊且鞭辟入里。

而文章第三段乃承着第一段中"怎么样"来写。第一段中"无贵无贱，无长无少，道之所存，师之所存"，指出了从师的标准是"道之所存"，已暗示了学习并无固定老师的道理。第三段开首"圣人无常师"就是承续这层文意深入论述，一气贯注，得出了"弟子不必不如师，师不必贤于弟子"的著名论断。

文章最后一段，交代文章的写作缘由，表彰李蟠能行古道，呼应首段"古之学者必有师"的论述，也进一步委婉地批评了"今之众人"轻视师道的行为。

如此看来，这篇文章以第一段为纲，以二三两段为目，层次俨然，结构相当严谨。当然这和我们通常看到的议论文格式是不一样的，但又是谨严地遵循着说理的规律的。正如近代文章大家林纾所说："大家之文，每于顶接之先，必删却无数闲话，突然而起，似与上文毫不相涉"，本文段段之间，看似"毫不相涉"，其实理路通达，确为大家之文。

长期以来，我们的议论文教学谨守议论文的三要素——论点、论据、论证，以论点的鲜明、论据的典型、论证的有力来评断一篇文章的质量，甚至希望将自古以来的经典论述文全部简单地纳入到"三要素"的话语系统中去。殊不知，自古以来的很多经典论述文未必一定就有所谓的鲜明的中心论点句，也未必一定有有力的论证过程，但这并不妨碍它们成为一篇篇气势恢宏的、说理严密的议论文章。正如潘新和教授在他的《试论"议论文三要素"之弊害》（《语文建设》2012年第一期）一文中指出的："'三要素'并不能构成对议论文的规范：'三要素'俱全未必就是好的议论文，有的很可能是最差的议论文；'三要素'不全未必不是好的议论文，有的可能是很好的议论文。"因此，我们的议论文教学也要谨防陷入这样一种僵化的、机械的、片面的形式主义的泥淖之中。这是《师说》教学中学生的质疑带给我们的启示与警戒。

【附】

师　说

【唐】韩　愈

古之学者必有师。师者，所以传道受业解惑也。人非生而知之者，孰能无惑？惑而不从师，其为惑也，终不解矣。生乎吾前，其闻道也固先乎吾，吾从而师之；生乎吾后，其闻道也亦先乎吾，吾从而师之。吾师道也，夫庸知其年之先后生于吾乎？是故无贵无贱，无长无少，道之所存，师之所存也。

图2-5-3　《孔子圣迹之图·杏坛礼乐》（明彩绘绢本）

　　嗟乎！师道之不传也久矣！欲人之无惑也难矣！古之圣人，其出人也远矣，犹且从师而问焉；今之众人，其下圣人也亦远矣，而耻学于师。是故圣益圣，愚益愚。圣人之所以为圣，愚人之所以为愚，其皆出于此乎？爱其子，择师而教之；于其身也，则耻师焉，惑矣！彼童子之师，授之书而习其句读者，非吾所谓传其道解其惑者也。句读之不知，惑之不解，或师焉，或不焉，小学而大遗，吾未见其明也。巫医、乐师、百工之人，不耻相师；士大夫之族，曰师曰弟子云者，则群聚而笑之。问之，则曰："彼与彼年相若也，道相似也。位卑则足羞，官盛则近谀。"呜呼！师道之不复可知矣！巫医、乐师、百工之人，君子不齿。今其智乃反不能及，其可怪也欤！

　　圣人无常师。孔子师郯子、苌弘、师襄、老聃。郯子之徒，其贤不及孔子。孔子曰：三人行，则必有我师。是故弟子不必不如师，师不必贤于弟子。闻道有先后，术业有专攻，如是而已。

　　李氏子蟠，年十七，好古文，六艺经传，皆通习之，不拘于时，学于余。余嘉其能行古道，作《师说》以贻之。

论与序的融合
——谈《伶官传序》的体例

《伶官传序》是欧阳修为其撰写的《新五代史·伶官传》所作的一篇序文，也是一篇经典的史论。欧阳修从后唐庄宗李存勖得天下失天下的历史教训中，得出了"忧劳可以兴国，逸豫可以亡身"的著名论断，并以"祸患常积于忽微，而智勇多困于所溺"的道理告诫当时的统治者。清代的沈德潜曾给予此文高度评价："抑扬顿挫，得《史记》神髓，《五代史》中第一篇文字。"（高步瀛《唐宋文举要》，上海古籍出版社 1982 年版）在中学语文课堂中，我们也常将此文当作史论文的范文来教学，历来受到学生的喜爱。教学此文时，有一位学生提出了一个质疑：《伶官传序》这篇史论文固然非常精彩，但是作为一篇独立的议论文还是有缺陷的，比如他引用的史实的真实性是有疑问的。

这位学生的问题是有一定道理的。作为一篇史论文，这篇文章引用的史实的真实性确实是有问题的。前人对此已有较多的论述，比如吴小如先生的《读欧阳修〈五代史·伶官传序〉》（《含英咀华：吴小如古典文学丛札》，北京大学出版社，2012 年 9 月）一文已有较为详细的阐述。吴先生的文中就提到，《伶官传序》第二段引用的"李克用临终把三支箭作为誓物留给李存勖"的材料引自王禹偁的《五代史阙文》，是民间传说，不完全可信。虽然欧阳修在引述此则材料的时候，非常严谨地使用了"世言"二字。"世言"即世人传言，并不完全可信。这也显示出欧阳修对这则材料真实性的怀疑。但是，以此材料来表现李存勖得天下之前励精图治的形象，从而推出"忧劳可以兴国"的结论，这就不免让结论显得基础不够牢靠了。

其实,若我们仔细琢磨整篇文章的论证结构,也不免会发现其他让人狐疑的地方。文章第一段开门见山提出"盛衰之理,虽曰天命,岂非人事哉"的中心论点,接着以一句"原庄宗之所以得天下,与其所以失者,可以知之矣"一句引出下面两段正反两方面的例证。第二、第三段分别从得天下和失天下的对比论证中,推出"忧劳可以兴国,逸豫可以亡身,自然之理也"这样的结论。第四段再在此基础上,加强现实针对性,针锋相对地推出了"夫祸患常积于忽微,而智勇多困于所溺,岂独伶人哉"的告诫。以此来看,论证清晰,逻辑缜密,似行云流水一般。但是,细究第二、第三

图 2 - 6 - 1　山西宝宁寺保存的元明时代水陆画,以巫师和伶人为题材

段,就会发现一个小问题。作者写庄宗李存勖得天下之时,分为两个部分:第二段为庄宗李存勖得天下之前励精图治的表现,第三段前半部分为庄宗李存勖得天下之时意气奋发的情态,作者用"其意气之盛,可谓壮哉"来概括。这两部分都可以统绾在第一段中"得天下"三个字之下,前一部分是"因",后一部分是"果"。而作者写庄宗失天下之时,只写了他失去天下之时的"意气之衰",所谓的"一夫夜呼,乱者四应,仓皇东出,未及见贼而士卒离散,君臣相顾,不知所归,至于誓天断发,泣下沾襟,何其衰也"。如果按照上文的"因果分类"的话,这里只有"失天下"的"果",而没有"失天下"的"因"。也就是说,如果我们能从庄宗得天下之前的励精图治和得天下之时的意气壮盛,推出"忧劳可以兴国"的道理的话,却没有办法仅仅从庄宗失天下之时的意气之衰,推出"逸豫可以亡身"的结

论。或者换句话说,作者在论述过程中缺失了记叙庄宗"得天下"之后"逸豫"的具体表现的文字,缺失了这段文字,就使得结论的推出显得突兀不已。

因而,从议论文或者史论文的角度来看,这篇文章中例证的典型性和论证的严密度上都是值得商榷的。那么这篇文章怎么会成为一篇经典的文章而流传至今呢?其实,《伶官传序》并不是一篇典型的史论文,而是一篇史论和书序相结合的文章。读此文,我们需要意识到的是,这篇文章并不是一个独立的存在,而是《新五代史·伶官传》的序言,是《新五代史》这个有机整体中的一个部分。即使我们将其从《新五代史》这部恢宏的作品中抽离出来考察,也需注意它和《新五代史》其他部分以及《新五代史》这个"母体"的紧密联系。因而,若以史论的标准来简单衡量本文的话,就会同我们的经验相扞格。而若从序言的角度来考察这些令人狐疑之处,如事例的真实性和论证的严密度,就会发现这些都不成问题。相反,这篇史论看上去不太典范的地方,恰恰是它独具的特色。

以庄宗得天下而言,表现庄宗励精图治形象的文字可谓多矣!这在《新五代史·唐本纪》有诸多记载。以李克用去世之后,李存勖为父复仇,建立后唐的一段史实为例,《新五代史·唐本纪》(中华书局 2016 年版)中有这样的记载:

> 天祐五年正月,即王位于太原。叔父克宁杀都虞候李存质,幸臣史敬镕告克宁谋叛。二月,执而戕之,且以先王之丧、叔父之难告周德威,德威自乱柳还军太原。梁夹城兵闻晋有大丧,德威军且去,因颇懈。王谓诸将曰:"梁人幸我大丧,谓我少而新立,无能为也,宜乘其怠击之。"乃出兵趋上党,行至三垂岗,叹曰:"此先王置酒处也!"会天大雾昼暝,兵行雾中,攻其夹城,破之,梁军大败,凯旋告庙。

这段文字写李存勖在面临先王之丧、叔父之难时以迅猛之势攻破梁军。其中李存勖沉着坚定、果敢智慧的少年英雄形象跃然纸上,这和《伶官传序》中写庄宗以三矢为誓物奋力兴国的形象几乎一致。但是这段文字表现李存勖励精图治的形象固然不错,若在《伶官传序》中引用的话,就和《新五代史·唐本纪》重复了。于是,欧阳修选择了一段真实性虽有问题,不能载入本纪,但却能真实传达李存勖攻取天下之时精神面貌的传言。传言的细节可能存疑,但精神却是不假。因而,读《伶官传序》是要结合《新五代史·唐本纪》的,因为《伶官传序》就是《新五代史》这个整体中的一部分。

以此视角来再考察作者在《伶官传记》中之所以省缺表现庄宗"得天下"之后"逸豫"的文字,先前的狐疑也会冰释了。庄宗李存勖在得天下后宠幸伶人的荒唐行为在之后的《新五代史·伶官传》中已多有记述。《伶官传》中详细地记叙了庄宗李存勖宠幸伶人周匝、敬新磨、景进、史彦琼、郭从谦等荒唐事迹。因此,这些事迹就不必在《伶官传》的序言中再反复出现了。从整个《伶官传》角度来看,这样的省缺不会影响《伶官传序》的论证,自然也不会使得"逸豫可以亡身"的结论的得出显得突兀了。

图2-6-2 李存勖像(清·丁善长《历代画像传》之一)

由此看来,欧阳修选择一段民间传说来表现庄宗李存勖的"忧劳",省缺一段表现庄宗李存勖"逸豫"的例证,这都和《伶官传序》在《新五代史》中的地位有关。它是《新五代史》中一部分,又是《新五代史·伶官传》的序言。因此,再来看学生的疑问:"作为一篇独立的议论文还是有缺陷的。"确实,作为一篇独立的史论文,它是有缺陷的,但是本文恰恰不是一篇独立的史论文,而是史论和序言的融合。那么,在中学语文课堂中,我们将其作为一篇典范的史论文来教学,恐怕也是值得细细斟酌的。

【附】

伶官传序

【宋】欧阳修

呜呼!盛衰之理,虽曰天命,岂非人事哉!原庄宗之所以得天下,与其所以失之者,可以知之矣。

图2-6-3 后唐庄宗像

世言晋王之将终也,以三矢赐庄宗,而告之曰:"梁,吾仇也;燕王,吾所立;契丹与吾约为兄弟,而皆背晋以归梁。此三者,吾遗恨也。与尔三矢,尔其无忘乃父之志。"庄宗受而藏之于庙。其后用兵,则遣从事以一少牢告庙,请其矢,盛以锦囊,负而前驱,及凯旋而纳之。

方其系燕父子以组,函梁君臣之首,入于太庙,还矢先王,而告以成功,其意气之盛,可谓壮哉!及仇雠已灭,天下已定,一夫夜呼,乱者四应。苍皇东出,未及见贼,而士卒离散,君臣相顾,不知所归;至于誓天断发,泣下沾襟,何其衰也!岂得之难而失之易欤?抑本其成败之迹而皆自于人欤?《书》曰:"满招损,谦受益。"忧劳可以兴国,逸豫可以亡身,自然之理也。

故方其盛也,举天下豪杰莫能与之争;及其衰也,数十伶人困之,而身死国灭,为天下笑。夫祸患常积于忽微,而智勇多困于所溺,岂独伶人也哉!

中心论点句的寻绎
——兼谈《拿来主义》的论证结构

《拿来主义》是鲁迅先生作于 1934 年 6 月 4 日的一篇名文，沪教版高二下语文教材中收有此文。在本文中，鲁迅先生针对文化遗产继承的问题提出了"拿来主义"的观点，虽然文章发表至今已有八十余年，但是依然具有现实意义。因为先生文章中提到的"孱头""昏蛋""废物"这类人物在我们的日常生活中仍然不时出现。除了具有超越时代的现实意义之外，本文也是一篇可供中学生学习的论述文的典范。可是，关于此文的中心论点，学生之间多有争议。有人认为第二段"但我们没有人根据了'礼尚往来'的仪节，说道：拿来"是全文的中心论点句；有人认为第五段中"我只想鼓吹我们再吝啬一点，'送去'之外，还得拿来，是为'拿来主义'"一句是中心论点句；也有人认为是第七段"所以我们要运用脑髓，放出眼光，自己来拿"一句。沪教版教材课后的"思考与练习"中也有一道习题：文章的中心论点是什么？找出中心论点，理清本文的论证思路和结构。配套的教参附有参考答案，遗憾的是，参考答案中只是大体梳理了文章的思路，回避了关于文章中心论点的问题。因而，学生的疑惑未必不是读者们共同的疑惑。

首先，第七段"所以我们要运用脑髓，放出眼光，自己来拿"一句已经是从"怎么样"的角度来论述"拿来"的方法，因而不是文章的中心论点，只能说是文章的分论点。所谓中心论点，是作者对所论述的问题的最基本的看法、态度、主张。就本文而言，面对外来文化交流的问题，作者提出的最基本的主张是要"拿来"，或者说要实行"拿来主义"。而在第七段之前，明确提出"拿来"的主张的句子，似乎就是学生们提到的第二段中一句或第五段中的一句了。

图 2-7-1　中外文化遗产

　　但仔细分析第二段"但我们没有人根据了'礼尚往来'的仪节，说道：拿来"一句，我们发现这句并不是观点的主张，而只是现象的陈述。在《拿来主义》的第一段中，作者将对外的文化交流中我们的态度分成三种，分别是"闭关""送去"和"拿来"。因为从逻辑上看，在对外的文化交流中，我们的态度就是这三种形式。所以，作者为严密起见还是从"闭关主义"谈起，虽然"给枪炮打破了大门之后，又碰了一串钉子"，"闭关主义"已经不可能实行。既然"闭关"不再实行了，那么就只有"送去"和"拿来"两种态度了。于是，作者就着重陈述了近来"学艺"上"送去主义"的种种表现。写完"送去主义"的表现之后，作者另起一段，以一个"但"字领起，陈述了另一种违背常理的现象——我们没有拿来！这样的话，文章前两段就完整地陈述了当时学艺上对外文化交流中的"只送不拿"的现象。进而，作者在第三段、第四段中论述了"只送不拿"这种现象的危害："当佳节大典之际，他们拿不出东西来，只好磕头贺喜，讨一点残羹冷炙作奖赏"，而且这种"奖赏"是"抛给"的。总体而言，文章前四段就论述了对外文化交流中我们"只送不拿"的现象及其危害。

因而，不管是从第二段这句话的表述方式来看，还是从前四段之间的逻辑关系来看，第二段"但我们没有人根据了'礼尚往来'的仪节，说道：拿来"一句都不是文章的中心论点句。

其实，文章中心论点，是在前四段批驳了"只送不拿"这种错误的态度之后，在第五段中顺势提出的，即所谓"'送去'之外，还得'拿来'，是为'拿来主义'"。这就是"破而后立"。值得注意的是，作者这里提出的"拿来主义"的准确内涵，不只是"拿来"，还包括"送去"，也可以说是"既送又拿"。而这种"既送又拿"的观点正是在批驳"只送不拿"的错误中树立了其正当性和必要性。当然，除去"只送不拿"和"既送又拿"之外，理论上还有一种做法——"不送只拿"。而"不送只拿"，这是侵略，是攫取，既不可能是站得住脚的价值取向，也不可能是当时积弱积贫的中国所能做到的，因而，作者就略而不谈了。由此看来，如果说第二段那句"但我们没有人根据了'礼尚往来'的仪节，说道：拿来"还只是现象的陈述的话，第五段中"我只想鼓吹我们再吝啬一点，'送去'之外，还得拿来，是为'拿来主义'"一句已经鲜明地表明了作者的基本主张了，因而这句才是文章的中心论点句。

作者在文章前四段批驳错误态度之时，其实已经解决了"为什么"要实行"拿来主义"的问题，那么接下来就要解决"怎么样"来实行"拿来主义"的问题。因此，作者在第六段中分析了没有正确的"拿来"方法的危害，指出了拥有正确的"拿来"的方法的重要性。在此基础上，第七段中作者就顺势提出了"拿来"的正确的态度和方法：运用脑髓，放出眼光，自己来拿！这也是第七段段首"所以"两字的来源，表明了第六段和第七段之间的这种因果关系。而从全文来看,第七段的这句话可视为从"怎么样"的角度来论述中心论点的一个分论点。接着文章第八段、第九段用正反对比论证和比喻论证的方法具体论述了"拿来主义"者"拿来"的态度和方法。最后一段总结全文,重申"拿来主义"的意义,并呼应第一段"学艺"二字。

因此,全文的论证结构完整,逻辑谨严。前四段分析"只送不拿"的现象和危害,第五段在前文批驳的基础之上提出"送去之外,还得拿来"的中心论点,进而论述"拿来"的态度和方法,最后总结全文。以此,再来回看文章开头提到的学生的疑惑,中心论点句看上去似乎只是关乎论点外在形式上的一个小问题,但是由这个外在形式上的小问题去梳理文章的整体结构,也许是帮助学生读懂文章的一种很重要的手段。

【附】

拿 来 主 义
鲁 迅

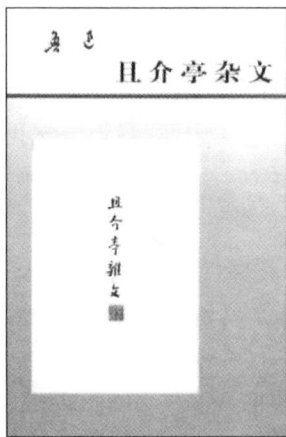

图2-7-2　《且介亭杂文》书影
（人民文学出版社1973年版）

中国一向是所谓"闭关主义",自己不去,别人也不许来。自从给枪炮打破了大门之后,又碰了一串钉子,到现在,成了什么都是"送去主义"了。别的且不说罢,单是学艺上的东西,近来就先送一批古董到巴黎去展览,但终"不知后事如何";还有几位"大师"们捧着几张古画和新画,在欧洲各国一路的挂过去,叫做"发扬国光"。听说不远还要送梅兰芳博士到苏联去,以催进"象征主义",此后是顺便到欧洲传道。我在这里不想讨论梅博士演艺和象征主义的关系,总之,活人替代了古董，我敢说，也可以算得显出一点进步了。

但我们没有人根据了"礼尚往来"的仪节，说道：拿来！

当然，能够只是送出去，也不算坏事情，一者见得丰富，二者见得大度。尼采就自诩过他是太阳，光热无穷，只是给予，不想取得。然而尼采究竟不是太阳，他发了疯。中国也不是，虽然有人说，掘起地下的煤来，就足够全世界几百年之用，但是，几百年之后呢？几百年之后，我们当然是化为魂灵，或上天堂，或落了地狱，但我们的子孙是在的，所以还应该给他们留下一点礼品。要不然，则当佳节大典之际，他们拿不出东西来，只好磕头贺喜，讨一点残羹冷炙做奖赏。

这种奖赏，不要误解为"抛来"的东西，这是"抛给"的，说得冠冕些，可以称之为"送来"，我在这里不想举出实例。

我在这里也并不想对于"送去"再说什么，否则太不"摩登"了。我只想鼓吹我们再吝啬一点，"送去"之外，还得"拿来"，是为"拿来主义"。

但我们被"送来"的东西吓怕了。先有英国的鸦片，德国的废枪炮，后有法国的香粉，美国的电影，日本的印着"完全国货"的各种小东西。于是连清醒的青年们，也对于洋货发生了恐怖。其实，这正是因为那是"送来"的，而不是"拿来"的缘故。

所以我们要运用脑髓，放出眼光，自己来拿！

譬如罢，我们之中的一个穷青年，因为祖上的阴功（姑且让我这么说说罢），得了一所大宅子，且不问他是骗来的，抢来的，或合法继承的，或是做了女婿换来的。那么，怎么办呢？我想，首先是不管三七二十一，"拿来"！但是，如果反对这宅子的旧主人，怕给他的东西染污了，徘徊不敢走进门，是孱头；勃然大怒，放一把火烧光，算是保存自己的清白，则是昏蛋。不过因为原是羡慕这宅子的旧主人的，而这回接受一切，欣欣然的蹩进卧室，大吸剩下的鸦片，那当然更是废物。"拿来主义"者是全不这样的。

他占有，挑选。看见鱼翅，并不就抛在路上以显其"平民化"，只要有养料,也和朋友们像萝卜白菜一样的吃掉,只不用它来宴大宾;看见鸦片,也不当众摔在茅厕里,以见其彻底革命,只送到药房里去,以供治病之用,却不弄"出售存膏,售完即止"的玄虚。只有烟枪和烟灯,虽然形式和印度,波斯,阿剌伯的烟具都不同,确可以算是一种国粹,倘使背着周游世界,一定会有人看,但我想,除了送一点进博物馆之外,其余的是大可以毁掉的了。还有一群姨太太,也大以请她们各自走散为是,要不然,"拿来主义"怕未免有些危机。

总之,我们要拿来。我们要或使用,或存放,或毁灭。那么,主人是新主人,宅子也就会成为新宅子。然而首先要这人沉着,勇猛,有辨别,不自私。没有拿来的,人不能自成为新人,没有拿来的,文艺不能自成为新文艺。

六月四日。

两个分号引发的遐想
——再读《白莽作〈孩儿塔〉序》

华师大出版社 2008 年版高中语文教材二年级第一学期收有鲁迅先生的《白莽作〈孩儿塔〉序》一文。读过多遍,一直以来对第一段中两个分号的使用有所疑问。学生也常常会问及这段中两个分号的使用。从教材选文来看,第一段其实就只有一个长句,姑录其下以备分析:

春天去了一大半了,还是冷;加上整天的下雨,淅淅沥沥,深夜独坐,听得令人有些凄凉,也因为午后得到一封远道寄来的信,要我给白莽的遗诗写一点序文之类;那信的开首说道:"我的亡友白莽,恐怕你是知道的罢。……"——这就使我更加惆怅。

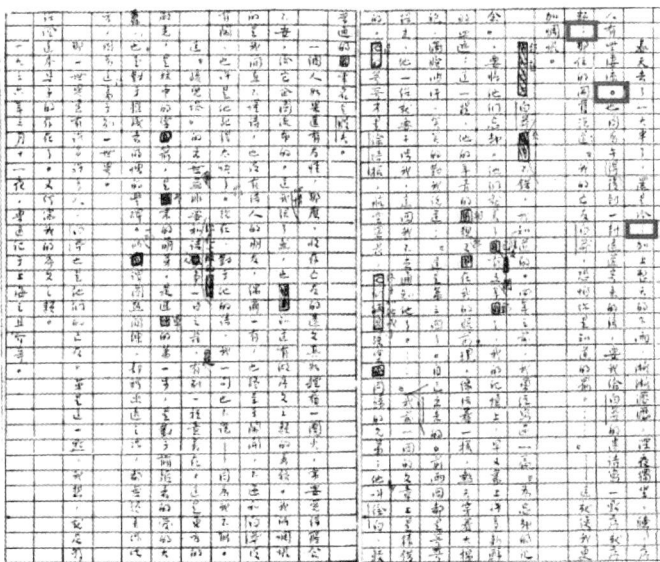

图 2-8-1 鲁迅先生《白莽作〈孩儿塔〉序》手稿(局部)

　　要而言之,本段表达三层意思,天冷、下雨、朋友提及白莽,这些因素让我"惆怅"。如是而言,第二个分号不应该在"也"字的前面、"凄凉"的后面吗?

　　我曾疑心是鲁迅先生用错了,因为毕竟在那个特定的年代,西式标点的运用难免与现代规范标准有些不吻合之处;也曾怀疑可能是教材排印过程中产生的讹误。于是,查教材选文的出处——人民文学出版社1981年版《鲁迅全集》第六卷之《且介亭杂文末编》,发现教材选文与出处用法一致,那么就不是教材排印的问题了。那会不会是人民文学出版社1981年版《鲁迅全集》的问题呢?比对人民文学出版社1951年版的《鲁迅全集》,发现两版在此处也是一样的。想到鲁迅先生晚年作品的手稿大多得以保存,并早已影印出版惠及读者了。查文物出版社1960年版由北京鲁迅博物馆编辑的《鲁迅手稿选集》中的《白莽作〈孩儿塔〉序》手稿。问题就出现了。手稿中,第一段第二处分号也在"那信的开首说道"前面,跟教材选文并无不同。只不过,手稿中第一段"凄凉"的后面用的是句号,而非逗号。这也是该文最早发表的1936年4月《文学丛报》月刊第一期的样式。

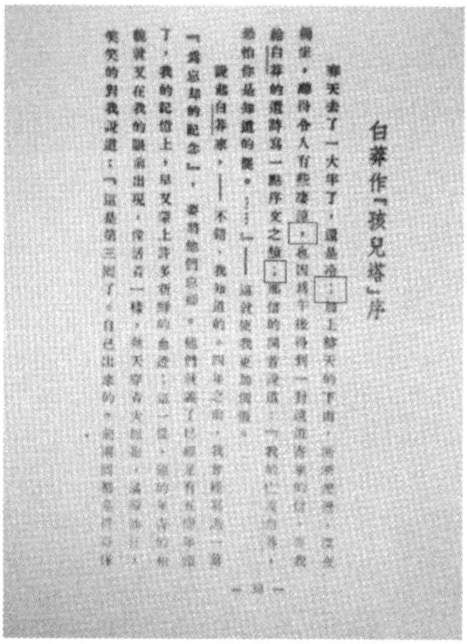

图2-8-2 《且介亭杂文末编》书影(1937年三闲书屋初版)

　　按照手稿中的标点,"凄凉"后面用了句号,这段话就由两个句子构成了。主要表达出了两层意思:天冷、下雨等天气引发的"凄凉",远道来信提及白莽与遗诗序文带来的"惆怅"。这样标点的话,就和我一开始的推测有些接近了。那么,为什么人民文学出版社1981年版的《鲁迅全集》第六卷之《且介亭杂文末编》的标点会与手稿不一样呢? 资料显示,《且介亭杂文末编》收鲁迅先生1936年所作的杂文35篇,先生去世后经许广平先生编定,1937 年 7 月由上海三闲书屋初版。查1937 年三闲书屋的《且介亭杂文末编》初版得知,此版中的标点已经与手稿不一致了,而与 1981 年版的《鲁迅全集》是相同的。由此可以推知,人民文学出版社 1951 年版和 1981 年版的《且介亭杂文末编》是据 1937 年三闲书屋的初版排印的。在初版的后记中,许广平先生写道,"一九三六年作的《末编》,先生自己把存稿放在一起的,是第一篇至《曹靖华译〈苏联作家七人〉序》"。由此可知,鲁迅先生生前将存稿整理放好,先生去世后许广平据此整理编定付印。而这个存稿可能是当初的手稿,也可能是发表在 1936 年 4 月《文学丛报》上的印稿。但这两稿是一致的。因而,这处标点的修改应在三闲书屋初版《且介亭杂文末编》时发生,该是许广平先生的手笔了。

细细想来,许广平先生的这处修改还是有道理的。按照手稿来看,如果"凄凉"后面用句号,那么后面"也因为午后得到一封远道寄来的信"中的"也"字就没有着落点了,显然"午后来信,要我写序"是补叙"凄凉"的另一层缘由的。

而且,依照许先生的点法,本段由两个分号断成三个部分,每个部分表达一层意思,三层相连,从而构成一个整体。第一个部分,"春天去了一大半了,还是冷",写的是气候寒冷,当然也是为了渲染气氛,暗示情绪的。第二个部分,"加上整天的下雨,淅淅沥沥,深夜独坐,听得令人有些凄凉,也因为午后得到一封远道寄来的信,要我给白莽的遗诗写一点序文之类",写的是内心凄凉,原因之一深夜独坐听雨,环境引发凄凉的心境,更重要的原因是远来之信提及要我为白莽遗文作序,这是由"也"字提示的。第三个部分,"那信的开首说道:'我的亡友白莽,恐怕你是知道的罢。……'——这就使我更加惆怅",强调的是作者心情更加惆怅了。原因恐怕是"亡友"二字一下子触动了鲁迅的心弦。亡友,已经死去的朋友,已经死去但依然活在朋友心里的朋友。鲁迅自己也多次提到"见同辈之死,总没有像见青年之死的悲伤",更何况是青年朋友之死呢。

如此看来,这三层意思,似乎不是我先前以为的简单的并列关系,而是层层递进的关系。文章中的情绪是随着笔端的流转而步步强化的。先是"冷",写的是气候,更多的着意于身体的感受;然后是"凄凉",雨声、深夜、独坐、遗文,这种种因素无不使得内心萦绕着凄凉的感受;最后是"更加惆怅","亡友"二字逼迫作者再次打开记忆的闸门,那些记忆是四年之前(1933年),作者写《为了忘却的记念》时已然希望忘却的悲伤。此时又汹涌而来,让作者"更加惆怅"了。"冷""凄凉""更加惆怅"三层意思次第而进,细致地传达作者感受的微妙变化。因而,许先生的这次改动,确实将鲁迅先生情感中这种细而微的转变更精准地、更清晰地表达出来了。

当然,只是立足于本段内容,而忽略上下文之间的联系来谈这两个分号仍然是不够的。细梳文本,第二个分号之后的内容,"那信的开首说道:'我的亡友白莽,恐怕你是知道的罢……,——这就使我更加惆怅",不正顺势引出了第二段的内容吗? 或者换句话说,第二段不正是扣准"亡友"二字,对"更加惆怅"的原因有了更详尽的阐释吗? 这亡友,本可以沿着哥哥徐培根设计好的人生道路,谋取高官厚禄,走着一条世俗以为的康庄大道;但是他偏不,为着真理与理想,他走上一条布满荆棘的崎岖小路,最终残酷被杀。对这样同道的年轻人,鲁迅先生是满怀着激赏的;而这样追求自由真理的年轻人却被刽子手们无情地杀害了,先生自然是无比惋惜与痛恨的。而像白莽这样的年轻人五年来还在不断流血就义,先生的痛恨之中甚至透出无奈与绝望。这种激赏、惋惜、无力、痛恨交织在一起,五年来始终萦绕在先生的心头。因而,先生一看到信的开首提到"我的亡友白莽",就感到更加惆怅了。

再看文章第三、四、五段的内容,写自己为白莽遗诗作序的心情以及对白莽遗诗的评价。从结构上看,又回应了第一段第一个分号之后的内容了,"也因为午后得到一封远道寄来的信,要我给白莽的遗诗写一点序文之类"。只不过再次回到白莽遗诗一事时,作者内心已经不是简单的凄凉低落,而是更深层次的"惆怅"了。这里有对当局专制暴虐的痛恨、对白莽之死的痛惜;有对白莽遗文作序流布的急切、对当局禁锢舆论的无奈;有对当时文坛风习的嘲讽、对白莽遗诗价值的赞赏。

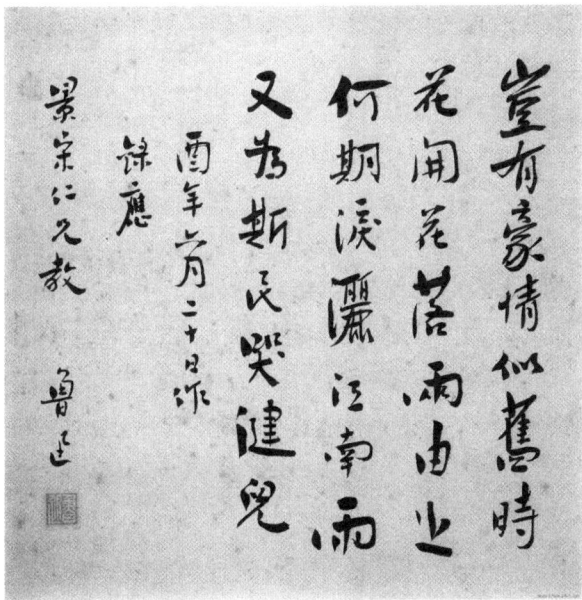

图 2 - 8 - 3　鲁迅书自作诗《悼杨铨》

按照这样的思路,再看文章第六段时间、地点的交代,"一九三六年三月十一日夜,鲁迅记于上海之且介亭"。这么郑重其事地补叙这个特定的时空信息,显然是暗示着当时风雨如磐的时局和自己沉重压抑的心境的。而这又使得第一段第一个分号前的"春天去了一大半了,还是冷"的意蕴显得更为丰厚了,而不仅仅是交代气候状况了。

这样看来,全文结构上的回环往复,情感上的逐层递深,是从第一段两个分号使用上就透露出的消息。因此,第一段两个分号的运用,不仅是关乎第一段本身的情感脉络,而且也关涉全文的行文思路。看似朴实的文字,却蕴含着强烈的情感;看似不经意的点染,却深藏着丰富的内涵。这是 1936 年 3 月病弱的鲁迅先生的老辣的文字。

辑三　细探文心析笔法

　　笔法,指作者在写作中采用的种种技法。作者在文章中为实现某种意图,高效地达成这种意图,常常需要使用某种技法,或者综合使用多种笔法。这些笔法,或者与遣词造句相关,或者与文章思路相联,或者与全文的布局相系。而这些笔法,往往又不是显而易见的,恰是颇费思量的。对于学生来说,要读懂文章、探得文心,就有必要学会探析这些技法;反过来,读懂了文章、探得了文心之后再反观这些笔法,又会觉得兴味无穷。

时时在场的秦穆公
——谈《秦晋殽之战》中的简省笔法

《秦晋殽之战》是《左传》中叙写战争的名文,收在沪教版高三上语文教材之中。《左传》善写战争,本文短短八百余字将一场非常复杂的战争叙写得有条不紊,故而梁启超在《中国历史要籍解题及其读法·读〈左传〉法之二》(岳麓书社 2010 年版)中曾评论说:"《左传》文章优美,其记事文对于极复杂的事项——如五大战役等,纲领提挈得极严谨而分明,情节叙述得极委曲而简洁,可谓极技术之能事。"不仅如此,本文中塑造的人物形象也性格鲜明,不仅主要人物如蹇叔、秦穆公、原轸等栩栩如生,呼之欲出,即便是次要人物如王孙满、弦高等人也是在片言只语间即跃然纸上。学生学习了这篇文章之后,提出一个有意思的问题:战前的秦穆公是一个傲慢专横、刚愎自用的君主,战后的秦穆公变成了一个宽宏大量、勇于认错的形象,这样的转变是不是太快了?

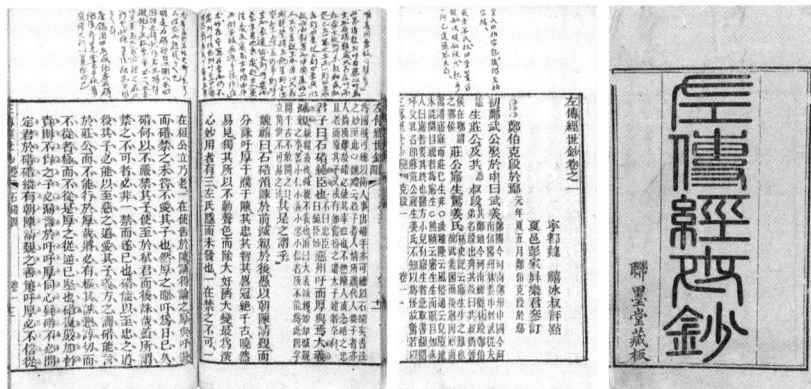

图 3-1-1 《左传经世钞》书影(清刻本)

学生的疑问是值得探究的。首先,秦穆公在"蹇叔哭师"这个片段中确实展现的是一个刚愎自用、利令智昏的君主形象。当然,秦穆公考虑在此时出兵郑国并不是毫无缘由的。这年的四月十五日,郑国的郑文公去世了,由公子子兰即位为郑穆公,而郑穆公自幼居住在晋国,与晋文公一向交好,因此郑穆公的即位成为了秦穆公的心头之患,他担心秦国在郑国的利益会受到损害。这年的十二月初九,晋文公去世了,晋国正处于国丧期间,新旧君主尚未完成交替,应该没有余力处理郑国的事务。秦穆公认为此时出兵郑国是稳固自己在中原利益的大好时机。但是这样的设想遭到秦国老臣蹇叔的坚决反对。蹇叔条分缕析地论述了出兵郑国的危害,当然老臣蹇叔的深谋远虑让秦穆公无法辩驳。但摆

图 3-1-2 秦穆公像

在秦穆公面前的利益实在太诱人了,秦穆公不言分说地拒绝了蹇叔的意见。细看这个片段,作者对秦穆公的叙写只有寥寥数笔,但是却意味深长。第一处"穆公访诸蹇叔",说明这是秦穆公主动上门咨询蹇叔,看上去是"访"(咨询),其实不过是想得到国内有声望的老臣的支持,可见其内心之虚。第二处"公辞焉",在蹇叔雄辩式地论述了出兵郑国的危害之时,秦穆公显然无言以对,无辞以驳,故而文中全无秦穆公反驳的言论,但简简单单的三个字"公辞焉",就可见其蛮横傲慢、利令智昏!第三处写"蹇叔哭师"后,秦穆公派人去咒骂蹇叔,"尔何知,中寿,尔墓之木拱矣",堂堂一国诸侯,竟然派人以极粗鄙的语言咒骂国内具有声望的老臣,可见其霸道跋扈!最后一处"秦师遂东",虽不是直接写秦穆公,也可见出秦穆公的心态。仍然是用短短的四个字,并另起一段,以异常冷峻的笔调暗示了秦穆公的一意孤行,刚愎自用。由此可见,这段中叙写秦穆公的笔墨非常简省,但却起到了以少胜多的效果,秦穆公的形象不知不觉中已然跃然纸上了。

其次,正如那位同学所言,秦穆公在殽之战之后忽然又以一个宽宏大量、勇于认错的形象出现了。"秦伯素服郊次,乡师而哭",秦穆公穿着白色的衣服等在郊外,对着军队痛哭流涕,这是对战死的英灵的祭奠,也是对自己的错误决定后悔不已。"孤之罪""孤之过",秦穆公主动承担了战争失利的责任,免去了战败将领的罪责,显示了一位英主应有的担当。

看上去,秦穆公前后两次出场,形象塑造有转变太过突然之嫌。但是,如若我们了解《左传》行文中那种"以少胜多"的简省的笔法,细细梳理文本,我们会发现秦穆公在文本中远不止这两次出场,或者换句话说,秦穆公这个人物是时时在场的。我们更可以说,秦穆公这个人物形象在文本中是自然成长的。

文章在"蹇叔哭师"之后,叙写了"王孙满观师""弦高犒师""皇武子视馆""原轸论战""文嬴释俘""阳处父追囚"等场面。其中有几处叙写,容易被忽视,却是理解秦穆公心态变化的关键之处。

　　第一处是"孟明退兵"。在此之前,商人弦高以自己的财产犒劳秦师,进而收到情报的郑穆公派皇武子辞客,这都向秦军暗示郑国已做好迎敌的充分准备。在这种情况下,秦国将领百里孟明提出了退兵的建议:"郑有备矣,不可冀也。攻之不克,围之不继,吾其还也。""吾其还也",是一种商量或建议的语气,那么他商量建议的对象是谁呢?文本里没有记载。也许是一同出兵的将领西乞术和白乙,但更可能的是秦穆公,因为发起这场战争的真正决策者是秦穆公,那么中止这场战争的人也只可能是秦穆公。固然,有时也有"将在外,君命有所不受"的说法,不过那毕竟是千钧一发的紧急时刻,而这里显然是不适用的。那么,秦穆公为什么会中止这场战争,可能的解释是权衡再三,弊大于利,无奈地退兵了。

图 3-1-3　古滑国之今址

　　第二处是"灭滑而还"。短短四字,也值得玩味。与退兵同样的道理,"灭滑而还"绝不可能是孟明擅自作的决定,也不是战前所作的军事部署,那么,这与"中止攻郑"应是秦穆公同时做出的军事决策。想想上年出师之时,秦穆公不顾蹇叔等大臣的强烈反对,悍然出兵;现在却耗费了大量的国力,而无丝毫功劳而返。这显然使得秦穆公在国内的处境非常难堪。因而,秦穆公希望借灭滑来挽回一点颜面。"灭滑"的心理意义恐怕更大,因为滑是一个很小的诸侯国,且距秦遥远,秦灭滑之后也不能真正拥有滑国,这点秦穆公是非常清楚的。事实上也是如此,滑被秦灭去之后,就被晋国占有。《左传·襄公二十九年》(杨伯峻《春秋左传注》,中华书局1981年版)载晋人语:"虞、虢、焦、滑、霍、杨、韩、魏,皆姬姓也,晋是以大。若非侵小,将何所取?"可见,滑终为晋国所有。所以,秦穆公的"灭滑"行动,恐怕是想借此挽回自己的面子,掩饰自己政治和军事上的错误决定。

第三处是"文嬴请三帅"。如果说"灭滑而还"时,意识到自己错误的秦穆公还希望挽回自己的颜面,那么秦师的大败让秦穆公彻底清醒了。《公羊传·僖公三十三年》(刘尚慈《春秋公羊传译注》,中华书局2010年版)中说秦国"匹马只轮无反者",秦兵全部覆灭,而将领百里孟明视、西乞术、白乙丙被晋军俘虏。清醒的秦穆公此时最迫切的任务就是营救三位将领,也正在这时有了"文嬴请三帅"这一场景。文嬴是晋文公的妻子、晋襄公的嫡母,也是秦穆公的女儿,在晋文公重耳因"骊姬之难"流落秦国时,由秦穆公许配给重耳。这场婚姻可以说是政治婚姻的典型,文嬴也可以说是秦穆公维护秦在晋利益的代表。她在晋襄公面前称秦穆公之时,始终称"寡君",也可见一斑。因而,"文嬴请三帅"背后的主使者一定是秦穆公。这是秦穆公彻底清醒之后的暗中积极营救。明面上是文嬴的举动,背后却隐藏着秦穆公的双手。

这样看来,秦穆公从出兵之时的刚愎自用,到退兵之时心知己过,进而利用"灭滑"来掩饰过错,然后在秦军的大败中彻底清醒,随即利用文嬴积极营救被俘虏的"三帅",到最后三帅回国后的承担过错。这个人物形象的成长在情节的发展中显得波折而有推进,自然而又丰满,是极富艺术性的。因此,秦穆公的形象转变不是突变,而是自然演变,是符合情理与逻辑的。

只不过要读出秦穆公的人物形象的自然演进过程,是需要我们挖掘文本中那些隐性的信息。以西方"接受美学"的理论观之,文本有其自身的"召唤结构",其携带的"空白"往往具有重大意义,留给读者广阔的遐想空间。读者只有一边阅读一边将文本的空白丰富,作品的主题意义才逐渐表现出来。就本文而言,我们得关注文中那些关于秦穆公的简省的笔墨,将这些空白点丰富起来,我们就会发现其实秦穆公是时时在场的。

以这样的方法再去读一读"殽之战"的另一位君主——晋襄公,他却又时时给人一种不在场的感觉。比如"原轸论战",在这样重大的军事论辩中,晋襄公应是在场的决策者。《史记·秦本纪》(中华书局1982年版)中就记载:"当是时,晋文公丧,未葬。太子襄公怒曰:'秦侮我孤,因丧破我滑。'遂墨衰绖,发兵遮秦兵于殽。"但是在本文《秦晋殽之战》的"原轸论战"之中,竟然不及晋襄公的片言只语。再看后文的"文嬴释囚"片段。文嬴巧言请求释放三帅,文中只下三字"公许之";原轸得知三帅被释放,当堂痛

图3-1-4 晋襄公绣像

骂,文中只写"公使阳处父追之"。这些地方竟然也不见晋襄公的只语片言。一个始终在场的晋襄公,却总给人不在场的感觉,那么他一个缺乏政治经验和政治决断的新君形象就呼之欲出了。

总而言之,《左传》中以这样简省的笔墨刻画了如此丰富而真实的人物形象,着实是大笔力!学生在此提出疑问,恰恰是深入阅读的一种体现,教师不妨顺势加以引导,带着学生向阅读更深处漫溯。

【附】

秦晋殽之战

《左传》

冬,晋文公卒。庚辰,将殡于曲沃;出绛,柩有声如牛。卜偃使

((((

大夫拜;曰:"君命大事:将有西师过轶我;击之,必大捷焉。"

杞子自郑使告于秦,曰:"郑人使我掌其北门之管,若潜师以来,国可得也。"穆公访诸蹇叔。蹇叔曰:"劳师以袭远,非所闻也。师劳力竭,远主备之,无乃不可乎。师之所为,郑必知之;勤而无所,必有悖心;且行千里,其谁不知?"公辞焉。召孟明、西乞、白乙,使出师于东门之外。蹇叔哭之,曰:"孟子,吾见师之出,而不见其入也!"公使谓之曰:"尔何知!中寿,尔墓之木拱矣!"

蹇叔之子与师,哭而送之曰:"晋人御师必于崤。崤有二陵焉,其南陵,夏后皋之墓也;其北陵,文王之所辟风雨也。必死是间,余收尔骨焉。"

秦师遂东。

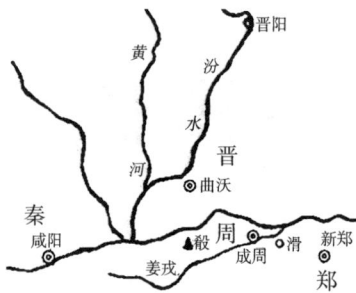

图3-1-5　崤之战地形图

三十三年,春,秦师过周北门,左右免胄而下,超乘者三百乘。王孙满尚幼,观之,言于王曰:"秦师轻而无礼,必败。轻则寡谋,无礼则脱。入险而脱,又不能谋,能无败乎?"

及滑,郑商人弦高将市于周,遇之。以乘韦先,牛十二犒师,曰:"寡君闻吾子将步师出于敝邑,敢犒从者。不腆敝邑,为从者之淹,居则具一日之积,行则备一夕之卫。"且使遽告于郑。

郑穆公使视客馆,则束载、厉兵、秣马矣。使皇武子辞焉,曰:"吾子淹久于敝邑,唯是脯资饩牵竭矣。为吾子之将行也,郑之有原圃,犹秦之有具囿也,吾子取其麋鹿,以闲敝邑,若何?"杞子奔齐,逢孙、杨孙奔宋。

孟明曰:"郑有备矣,不可冀也。攻之不克,围之不继,吾其还也。"灭滑而还。……

晋原轸曰:"秦违蹇叔,而以贪勤民,天奉我也。奉不可失,敌不可纵,纵敌患生,违天不祥,必伐秦师!"栾枝曰:"未报秦施,而伐其师，其为死君乎？"先轸曰："秦不哀吾丧，而伐吾同姓，秦则无礼，何施之为？吾闻之，一日纵敌，数世之患也。谋及子孙，可谓死君乎！"遂发命，遽兴姜戎。子墨衰绖，梁弘御戎，莱驹为右。

夏，四月，辛巳，败秦师于殽，获百里孟明视、西乞术、白乙丙以归。遂墨以葬文公，晋于是始墨。

文嬴请三帅，曰："彼实构吾二君，寡君若得而食之不厌，君何辱讨焉。使归就戮于秦，以逞寡君之志，若何？"公许之。

先轸朝，问秦囚。公曰："夫人请之，吾舍之矣。"先轸怒曰："武夫力而拘诸原，妇人暂而免诸国，堕军实而长寇仇，亡无日矣！"不顾而唾。

公使阳处父追之，及诸河，则在舟中矣。释左骖，以公命赠孟明，孟明稽首曰："君之惠，不以累臣衅鼓，使归就戮于秦，寡君之以为戮，死且不朽。若从君惠而免之，三年将拜君赐。"

秦伯素服郊次，乡师而哭，曰："孤违蹇叔，以辱二三子，孤之罪也。不替孟明，孤之过也。大夫何罪？且吾不以一眚掩大德。"

图 3-1-6　秦晋人物绣像

"持节孤臣"塑造的背后考量
——读《苏武传》(节选)

《苏武传》是班固《汉书》中的名篇,塑造了一个托身异域十九年,终于手持汉节归汉的孤胆忠臣形象。此文收在沪教版高三语文上学期教材之中。不过教材收入此文时做了节选。关于节选,学生在学习此文之后问了一个值得思考的问题:"教材中的《苏武传》为什么要将李陵劝降的那段文字删去?"面对学生的疑问,当时即以"中学生阅读的选文不宜太长"为由做了简单的答复。

其实,细细想来,这样的回答恐怕远不能满足学生的需求。教材编者选编文章,固然有选文长度的考虑,更有其他种种考量。以《苏武传》的节选为例,有"卫律劝降"和"李陵劝降",不删减"卫律劝降"片段,而删去"李陵劝降"片段,恐怕就不能只用"选文长度"这一因素来解释了。

班固为苏武作传,是用了很文学化的手段的,他有意地刻画了张胜、卫律、李陵等形象来反衬苏武的忠贞。特别是"卫律劝降"的部分,卫律和苏武,一个寡廉鲜耻,一个忠贞爱国,一个阴险狡诈,一个正直坚韧,两人可谓黑白分明、忠奸判然。苏武的形象在卫律的反衬之下显得更为正义凛然、光照千秋!在这一段中,除了运用反衬法,班固也非常善于安排文字的节奏来塑造人物的形象,调动读者的情感。卫律劝降第一招是"威逼法",卫律斩虞常、降张胜之后,"复举剑拟之",企图用武力逼迫苏武投降,但是苏武岿然不为所动,文章直截了当地下了三个字"武不动";卫律劝降第二招"利诱法",卫律见威逼不成,改用"赐号称王,拥众数万,马畜弥山"的富贵引诱苏武,苏武依然不为所动,文章仍旧简简单单地写了三个字"武不应";接着卫律使出第三招"拉拢法",希望以"约为兄弟"的方式打动苏武,这时苏武对卫律的厚颜无耻实在忍无可忍,痛骂卫律"畔主背亲"和居心险恶。这段痛骂文字足足有一百余字,让人读来有一种畅快淋漓之感。这种快感的获得,准确说来,是读者内心压抑的对卫律的厌恶与痛恨、对苏武的敬佩与推崇得到彻底的宣泄而造成的。而卫律和苏武形象的强化,读者情感的调动,又是和班固繁简节奏的着意安排密切有关的。前文"武不动""武不应"的"简"正是为后文怒不可遏的"繁"蓄势,前文越简略,读者心中积聚的情感就越丰厚,那么后文苏武痛骂带来的快感就越强烈。苏武的形象和读者对苏武的情感就这样在班固的笔墨游走中得到强化。因而,"卫律劝降"这一段中,作者以鲜明的对比手法和合宜的繁简笔法,塑造了一个无可置疑的孤胆忠臣的形象,也在读者的心中激起了强烈的认同感。

但是,李陵劝降的情境就不太一样。卫律和李陵两人,一人主动叛国,一人被迫投降,一人厚颜无耻,一人良心未泯。卫律劝降以威逼利诱,而李陵劝降则以情理动人。威逼利诱,完全站在道义的对立面,当然不值一提;但是以情理动人,若情真意切,即使道理有亏,也未必不能博人同情。李陵的"以情理动人"大约就是这种情景。沪教版教材中删去这部分文字,兹录其下,以备分析。

> 初,武与李陵俱为侍中。武使匈奴明年,陵降,不敢求武。久之,单于使陵至海上,为武置酒设乐。因谓武曰:"单于闻陵与子卿素厚,故使陵来说足下,虚心欲相待。终不得归汉,空自苦亡人之地,信义安所见乎?前长君为奉车,从至雍棫阳宫,扶辇下除,触柱,折辕,劾大不敬,伏剑自刎,赐钱二百万以葬。孺卿从祠河东后土,宦骑与黄门驸马争船,推堕驸马河中,溺死,宦骑亡。诏使孺卿逐捕。不得,惶恐饮药而死。来时太夫人已不幸,陵送葬至阳陵。子卿妇年少,闻已更嫁矣。独有女弟二人,

两女一男,今复十余年,存亡不可知。人生如朝露,何久自苦如此? 陵始降时,忽忽如狂,自痛负汉;加以老母系保宫。子卿不欲降,何以过陵? 且陛下春秋高,法令亡常,大臣亡罪夷灭者数十家,安危不可知。子卿尚复谁为乎? 愿听陵计,勿复有云!"

武曰:"武父子亡功德,皆为陛下所成就,位列将,爵通侯,兄弟亲近,常愿肝脑涂地。今得杀身自效,虽蒙斧钺汤镬,诚甘乐之。臣事君,犹子事父也。子为父死,亡所恨,愿无复再言。"陵与武饮数日,复曰:"子卿,壹听陵言。"武曰:"自分已死久矣! 王必欲降武,请毕今日之欢,效死于前!"陵见其至诚,喟然叹曰:"嗟呼! 义士! 陵与卫律之罪上通于天!"因泣下沾衿,与武决去。

(以上文字录自中华书局 1962 年版《汉书·苏武传》)

在"李陵劝降"这部分中,李陵和卫律的威逼利诱完全不一样,他是站在"情理"的角度上来劝降苏武的,又是以自身被迫投降的艰难心路来劝说苏武的,因而是具有一定感染力的。他晓之以理,

图 3-2-1　苏李别意图(宋·陈居中绘)

汉武帝刻薄寡恩,苏武兄弟皆因其而死,朝内大臣安危莫测,若苏武回汉也是凶多吉少;他动之以情,苏武父母兄弟俱亡,妻子儿女皆散,人生又若朝露,不能长久,因此何必如此自苦!李陵所言事件,可以说俱为事实不虚;李陵所论之理,若以豫让所谓的"国士众人"之论来衡量的话,可以说也非无稽之谈;李陵所述之情,可以说是生命普遍之悲。现代的读者在这样的事、情、理面前,也许就会对李陵的言辞动心。但是苏武回避了对具体问题的讨论,对个人利益的关注,以君臣大义断然拒绝了李陵的劝降。于是就有了现代读者有关"苏武愚忠"的质疑,这样的质疑声在学生群体中也有着一定的市场。那么,这样的话,苏武忠贞不屈的完美形象似乎就有所损害。若揆度沪教版教材编者删减"李陵劝降"片段的用意,避免这种损害、维护苏武的形象会不会是重要的考量因素呢?

但是,这种对质疑之声的担忧显然是多余的。评价历史人物是要放在具体的历史语境中去的,绝不能摆脱历史背景,简单地以现代公民的视角去评说历史人物的是非曲直。若以现代公民的视角去评价苏武的话,苏武当然不会是现代公民的典范人物,但这样苛求苏武,势必就犯了历史虚无主义的错误。在苏武、李陵的世界里,忠君和爱国是正义的,也是一体的,苏武时代的"国"不是现代意义上的民族国家,而是大汉王朝,有时甚至就是大汉君主。明代周祈的《名义考》里就对汉代的"国家"一词加以考证,"曰国家、曰县官,皆谓天子也。《汉书》中如此称甚众"。这里明确指出汉代文献里,特别是《汉书》中提到"国家"多直指"天子"。因而,以现代人的眼光指责苏武"愚忠","分不清忠君和爱国的区别",这其实是对历史的不熟悉与不尊重。真正值得关注的,不是苏武的"忠"是"愚"还是"智",而是苏武对信念的执着和对正义坚守。若再论及李陵,在李陵的思维里,"忠于汉朝和汉天子"从来都是正义的,"背叛汉朝投靠匈奴"也从来都是不义的。李陵"始降时,忽忽如狂,自痛负汉",劝降苏武不成时,又有"陵与卫律之罪上通于天"的感慨。这都足以表明：即使李陵自己也认为他的行为是怯懦而违背道义的，在苏武的浩然正气面前是无颜立足的。后人以现代思维来为李陵翻案，其实大可不必！那么，对"李陵劝降"片段会影响苏武形象的担心也是大可不必的！恰恰相反，苏武的忠贞坚韧，并不仅仅在与卫律这样的无耻小人的比较中凸显，更是在和李陵怯懦选择的对比中彰著。

图 3-2-2　班固像

其实，若沪教版教材编者以删减"李陵劝降"片段来维护苏武的形象，从历史的角度来看，这样的做法也不足为奇，因为总有人担心苏武完美的英雄形象会受到影响，哪怕种种担心都被证明是多余的，自古如此。其中就有《苏武传》的作者班固。比如班固在写苏武北海牧羊片段的时候，有意地删减了苏武娶胡妇并生子的内容。苏武娶于靬王的公主为妻，并生下儿子苏通国，这在整个苏武北海牧羊的片段中只字不提，而这却是苏武十九年异域生活中非常重要的一部分。关于苏通国，班固只在苏武晚年丧子之时稍有提及："武年老，子前坐事死，上闵之，问左右：'武在匈奴久，岂有子乎？'武因平恩侯自白：'前发匈奴时，胡妇适产一子通国，有声问来，愿因使者致金帛赎之。'上许焉。后通国随使者至，上以为郎。"（班固《汉书·苏武传》，中华书局 1962 年版）此时提及苏通国，用意也在表现皇恩浩荡。而原本应该提及苏通国的"苏武牧羊"片段，班固却有意加重了描写恶劣自然环境的笔墨，并淡化了描写苏武日常生活的笔墨，以此来烘托苏武坚贞不屈的人格。大概苏武在匈奴娶妻生子的事件似乎只能削弱英雄的悲壮形象，因而不如删去。但是一个真正的英雄从来不是被剥离了人性的英雄，也不该是简单地被圣化的英雄！

【附】

苏武传(节选)

【东汉】班　固

　　武字子卿,少以父任,兄弟并为郎,稍迁至栘中厩监。时汉连伐胡,数通使相窥观。匈奴留汉使郭吉、路充国等前后十余辈。匈奴使来,汉亦留之以相当。天汉元年,且鞮侯单于初立,恐汉袭之,乃曰:"汉天子我丈人行也。"尽归汉使路充国等。武帝嘉其义,乃遣武以中郎将使持节,送匈奴使留在汉者,因厚赂单于,答其善意。武与副中郎将张胜及假吏常惠等,募士、斥候百余人俱。既至匈奴,置币遗单于。单于益骄,非汉所望也。

图3-2-3　苏武像

　　方欲发使送武等,会缑王与长水虞常等谋反匈奴中——缑王者,昆邪王姊子也,与昆邪王俱降汉,后随浞野侯没胡中——及卫律所将降者,阴相与谋劫单于母阏氏归汉。会武等至匈奴。虞常在汉时,素与副张胜相知,私候胜曰:"闻汉天子甚怨卫律,常能为汉伏弩射杀之,吾母与弟在汉,幸蒙其赏赐。"张胜许之,以货物与常。后月余,单于出猎,独阏氏、子弟在。虞常等七十余人欲发,其一人夜亡,告之。单于子弟发兵与战。缑王等皆死,虞常生得。

　　单于使卫律治其事。张胜闻之,恐前语发,以状语武。武曰:"事如此,此必及我。见犯乃死,重负国!"欲自杀。胜、惠共止之。虞常果引张胜。单于怒,召诸贵人议,欲杀汉使者。左伊秩訾曰:"即谋单于,何以复加?宜皆降之。"单于使卫律召武受辞。武谓惠等:"屈节辱命,虽生何面目以归汉?"引佩刀自刺。卫律惊,自抱持武,驰召醫。

凿地为坎,置煴火,覆武其上,蹈其背以出血。武气绝,半日复息。惠等哭,舆归营。单于壮其节,朝夕遣人候问武,而收系张胜。

武益愈。单于使使晓武,会论虞常,欲因此时降武。剑斩虞常已,律曰:"汉使张胜谋杀单于近臣,当死。单于募降者赦罪。"举剑欲击之,胜请降。律谓武曰:"副有罪,当相坐。"武曰:"本无谋,又非亲属,何谓相坐?"复举剑拟之,武不动。律曰:"苏君,律前负汉归匈奴,幸蒙大恩,赐号称王,拥众数万,马畜弥山,富贵如此。苏君今日降,明日复然。空以身膏草野,谁复知之?"武不应。律曰:"君因我降,与君为兄弟,今不听吾计,后虽复欲见我,尚可得乎?"武骂律曰:"汝为人臣子,不顾恩义,畔主背亲,为降虏于蛮夷,何以女为见?且单于信女,使决人死生,不平心持正,反欲斗两主,观祸败。南越杀汉使者,屠为九郡;宛王杀汉使者,头县北阙;朝鲜杀汉使者,即时诛灭。独匈奴未耳!若知我不降明,欲令两国相攻,匈奴之祸从我始矣。"

图3-2-4　苏武牧羊(清·任伯年绘)

律知武终不可胁,白单于。单于愈益欲降之。乃幽武置大窖中,绝不饮食。天雨雪,武卧啮雪,与旃毛并咽之,数日不死。匈奴以为神,乃徙武北海上无人处,使牧羝,羝乳乃得归。别其官属常惠等,各置他所。……

武既至海上,廪食不至,掘野鼠去草实而食之。杖汉节牧羊,卧起操持,节旄尽落。……

昭帝即位。数年,匈奴与汉和亲。汉求武等,匈奴诡言武死。后汉使复至匈奴,常惠请其守者与俱,得夜见汉使,具自陈道,教使者谓单于言:天子射上林中,得雁,足有系帛书,言武等在某泽中。使者大喜,如惠语以让单于。单于视左右而惊,谢汉使曰:"武等实在。"……

　　单于召会武官属,前以降及物故,凡随武还者九人。……

　　武以始元六年春至京师。……武留匈奴凡十九岁,始以强壮出,及还,须发尽白。

幕后的操盘手
——谈《鸿门宴》中的"项伯"

《鸿门宴》是司马迁《史记》中的经典篇目,被收入沪教版高中语文三年级上册之中。选文从曹无伤告密始,曹无伤被杀终,首尾相应,浑然一体。作者以如椽大笔,将人物置于极其尖锐的矛盾冲突之中,绘声绘色地刻画出了一个个生动的人物形象,比如项羽和刘邦、张良和范增、项庄和樊哙。而有一人物在文中着墨不多,但是却至关重要,那就是项伯。学生在学了本文之后,也提出了一个与项伯有关的问题:为什么刘邦只送给项羽和范增礼物,而没有送给项伯?

刘邦离宴脱逃之时留下张良送礼。张良入谢,曰:"沛公不胜杯杓,不能辞。谨使臣良奉白璧一双,再拜献大王足下,玉斗一双,再拜奉大将军足下。"可见,确实没有送礼物给项伯。值得注意的是,这份礼物的内容和分配,司马迁前后细致地写了两次。除了张良留谢时提到,刘邦脱逃前也提过:"我持白璧一双,欲献项王,玉斗一双,欲与亚父。会其怒,不敢献。公为我献之。"

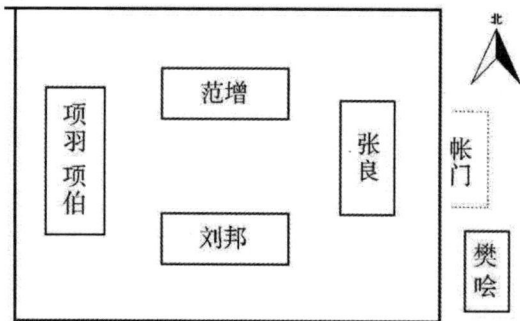

图 3-3-1 鸿门宴示意图

　　一份礼物,两次提及,可见这份礼物之重要,也可知这份礼物的内容和分配是精心考虑过的。因为刘邦的鸿门一行,本身就是剑拔弩张、暗藏杀机的,任何一个细节都可能改变事态的发展,因而送礼一环必然也是经过深思熟虑的。但是,为什么没有送给项伯呢? 以项伯在项羽军中的地位、身份而言,这是引人疑惑的。以地位而言,项伯是楚之左尹,位次于令尹,为楚国之卿;以身份而言,项伯是项羽的叔父,是项羽最信赖倚重之人。这从文中提到的宴会的座次也可看出。"项王、项伯东向坐,亚父南向坐,——亚父者,范增也;沛公北向坐;张良西向侍。"项羽和项伯坐在最尊贵的西面朝东的座位上,显示出叔侄二人在军中无与伦比的地位。因而,从礼仪和利益两者来考虑,刘邦都应给项伯备上厚礼。

　　当然,在鸿门宴前夜的"项伯夜访"之时,刘邦已经"兄事"项伯,并"约为婚姻",似乎关系已经很亲近了,不必再行送礼了。但这仍不符合常情。因为送礼是表达对受礼者的尊重,更是在确定受礼者的地位。刘邦和项伯仅一面之缘,刚约为婚姻,显然两者关系并未稳固;此时刘邦马上忽视项伯,只送礼给项羽和范增,凸显他二人的地位;这多少会让人费解。这似乎也

图3-3-2　刘邦像

不是此时处处谨慎小心的刘邦和足智多谋的张良的行事方式。但是,假如送礼安排的建议出自项伯,那么自然就能完满解释了。

　　那么这样的安排可能出自项伯吗? 从文本字里行间的蛛丝马迹来看,这是很可能的,而且可能就发生在"项伯夜访"之时。在鸿门宴的前夜,项伯夜访张良,刘邦向项伯求助,项伯给出的建议就是"旦日不可不蚤自来谢项王"。那如何向项羽谢罪呢? 谢罪之辞、谢罪之姿、谢罪之仪当然是必须要考虑的问题,也必然是刘邦会向项伯请教的问题。而谢罪之仪的安排,白璧一双献项王、玉斗

一双送范增,可能就来自项伯当夜的建议。一方面这能解释为什么宴会上唯独项伯没有收到礼物;另一方面这也是故意抬高范增的地位以至超越项伯,来讨好笼络范增,因为整个鸿门宴中,唯有范增杀刘邦之心最盛最坚决,消弭范增的杀心是至关重要的。若换做任何其他人来做此事,都与人情事理不合。以此来看,刘邦送礼的安排是和项伯密切相关的,这应该可以说是比较合理的历史想象。若在学生的问题上再做些拓展思考,其实刘邦的谢罪之辞、谢罪之姿等安排的背后恐怕也有着项伯的身影。

关于谢罪之辞,从前后文来看,就是刘邦向项伯解释的言辞,也是后文樊哙责备项羽的言辞。特别值得注意的是,刘邦向项伯解释的言辞和樊哙责备项羽的话语基本如出一辙,如出一口。刘邦向项伯解释时说:"吾入关,秋毫不敢有所近,籍吏民,封府库,而待将军。所以遣将守关者,备他盗之出入与非常也。……"樊哙闯帐时责备项羽:"……今沛公先破秦入咸阳,毫毛不敢有所近,封闭宫室,还军霸上,以待大王来。故遣将守关者,备他盗之出入与非常也。……"这显然是事先商议甚至排演过的话。这段重要解释之辞也是通过项伯之口,进入项羽之耳,深入项羽之心。项伯从刘邦军中返回项羽军中后,也原原本本禀告给项羽,即文中所说的"具以沛公言报项王"。

图 3-3-3　项羽像

至于"谢罪之姿",就更有项伯的安排在其中了。在鸿门宴中,如何化解项羽的怒气,言辞固然重要,姿态却更为关键。只有屈伸自居,臣事项羽,才能消弭项羽的杀心。项羽一向视刘邦为自己的部属,因为刘邦初起事之时曾属于项羽的叔父项梁,项梁战死之后,项羽接替了叔父对军队的领导权;更何况,巨鹿之战之后,项羽已经名正言顺地是"诸侯上将军,诸侯皆属"(《史记·

项羽本纪》中语)了。然而鸿门宴之前曹无伤的告密让项羽意识到刘邦竟然想要反叛自己,这让他"大怒"不已。因而,现在止息项羽怒气的最好方式是明确地向项羽称臣,打消项羽的顾虑。刘邦非常清楚这一点。从他在整个鸿门宴中的表现,特别是整个宴会中除了开首的一段解释之外再无言语,我们也能感受到他的低调谦卑。而为刘邦这种谦卑之姿的表演提供最佳舞台的,还是项伯。上文提及的鸿门宴的座次,历来为读者重视。项羽、项伯坐在最尊贵的位置上,范增坐在其次尊贵的位置上,刘邦被安排在卑微的臣位。而刘邦却安之若素,屈居下座。这显然是很能满足项羽自大自尊之心的。而这样的位次安排,不可能是身为宾客的刘邦、张良,也不可能是范增,因为范增不可能安排有利的舞台让刘邦表演,也不可能是项羽,项羽作为一军之主将,不可能劳心费力亲自去安排宴会的座次,那么只能是一直居中调停的项伯了。这种推测,余英时先生在他的《说鸿门宴的座次》(《史学、史家与时代》,广西师范大学出版社2014年版)一文中也有精辟的论述。

这样看来,着墨并不多的一个人物,暗中却在不断地帮助刘邦,使他脱离险境。当然,这只是隐在文字背后的内容。若我们再看看那些显性的信息,鸿门宴上项庄舞剑意在沛公,情势紧张得间不容发,是项伯起身"以身翼蔽沛公",可谓救人于倒悬之际。因而,项伯之于刘邦,是有大功劳在焉。

鸿门宴之后,短短四年时间,刘邦就取得了项羽的天下。项羽战败之后,刘邦也感念项伯在鸿门宴上的救命之德,赐之姓刘,并封为射阳侯。司马迁在《史记·高祖功臣侯者年表》中解释项伯缠之所以封侯时说:"汉王与项羽有郤于鸿门,项伯缠解难,以破羽缠尝有功,封射阳侯。"楚国的左尹、项羽的叔父项缠在汉军击败项羽时"尝有功",司马迁在这样的笔墨中潜藏怎样的态度,耐人寻味。看上去,项伯是鸿门宴幕后的操盘手,但是历史的操盘手到底又是谁呢?

【附】

鸿 门 宴

【西汉】司马迁

　　沛公军霸上,未得与项羽相见。沛公左司马曹无伤使人言于项羽曰:"沛公欲王关中,使子婴为相,珍宝尽有之。"项羽大怒曰:"旦日飨士卒,为击破沛公军!"当是时,项羽兵四十万,在新丰鸿门;沛公兵十万,在霸上。范增说项羽曰:"沛公居山东时,贪于财货,好美姬。今入关,财物无所取,妇女无所幸,此其志不在小。吾令人望其气,皆为龙虎,成五彩,此天子气也。急击勿失!"

　　楚左尹项伯者,项羽季父也,素善留侯张良。张良是时从沛公,项伯乃夜驰之沛公军,私见张良,具告以事,欲呼张良与俱去,曰:"毋从俱死也。"张良曰:"臣为韩王送沛公,沛公今事有急,亡去不义,不可不语。"良乃入,具告沛公。沛公大惊,曰:"为之奈何?"张良曰:"谁为大王为此计者?"曰:"鲰生说我曰:'距关,毋内诸侯,秦地可尽王也。'故听之。"良曰:"料大王士卒足以当项王乎?"沛公默然,曰:"固不如也。且为之奈何?"张良曰:"请往谓项伯,言沛公不敢背项王也。"沛公曰:"君安与项伯有故?"张良曰:"秦时与臣游,项伯杀人,臣活之;今事有急,故幸来告良。"沛公曰:"孰与君少长?"良曰:"长于臣。"沛公曰:"君为我呼入,吾得兄事之。"张良出,要项伯。项伯即入见沛公。沛公奉卮酒为寿,约为婚姻,曰:"吾入关,秋毫不敢有所近,籍吏民,封府库,而待将军。所以遣将守关者,备他盗之出入与非常也。日夜望将军至,岂敢反乎! 愿伯具言臣之不敢倍德也。"项伯许诺,谓沛公曰:"旦日不可不蚤自来谢项王。"沛公曰:"诺。"于是项伯复夜去,至军中,具以沛公言报项王,因言曰:"沛公不先破关中,公岂敢入乎? 今人有大功而击之,不义也。不如因善遇之。"项王许诺。

图3-3-4 鸿门宴(刘凌沧绘)

沛公旦日从百余骑来见项王,至鸿门,谢曰:"臣与将军戮力而攻秦,将军战河北,臣战河南,然不自意能先入关破秦,得復见将军于此。今者有小人之言,令将军与臣有郤……"项王曰:"此沛公左司马曹无伤言之;不然,籍何以至此。"项王即日因留沛公与饮。项王、项伯东向坐,亚父南向坐。亚父者,范增也。沛公北向坐,张良西向侍。范增数目项王,举所佩玉玦以示之者三,项王默然不应。范增起,出召项庄,谓曰:"君王为人不忍。若入前为寿,寿毕,请以剑舞,因击沛公于坐,杀之。不者,若属皆且为所虏。"庄则入为寿。寿毕,曰:"君王与沛公饮,军中无以为乐,请以剑舞。"项王曰:"诺。"项庄拔剑起舞,项伯亦拔剑起舞,常以身翼蔽沛公,庄不得击。

于是张良至军门见樊哙。樊哙曰:"今日之事何如?"良曰:"甚急!今者项庄拔剑舞,其意常在沛公也。"哙曰:"此迫矣!臣请入,与之同命。"哙即带剑拥盾入军门。交戟之卫士欲止不内,樊哙侧其盾以撞,卫士仆地,哙遂入,披帷西向立,瞋目视项王,头发上指,目眦尽裂。项王按剑而跽曰:"客何为者?"张良曰:"沛公之参乘樊哙者也。"项王曰:"壮士——赐之卮酒。"则与斗卮酒。哙拜谢,起,立而饮之。项王曰:"赐之彘肩。"则与一生彘肩。樊哙覆其盾于地,加彘肩上,拔剑切而啖之。项王曰:"壮士!能复饮乎?"樊哙曰:"臣死且不避,卮酒安足辞!夫秦王有虎狼之心,杀人如不能举,刑人如恐不胜,天下皆叛之。怀王与诸将约曰:'先破秦入咸阳者王之。'今沛公先破秦入咸阳,毫毛不敢有所近,封闭宫室,还军霸上,以待大王来。故遣将守关者,备他盗出入与非常也。劳苦而功高如此,未有封侯之赏,而听细说,欲诛有功之人。此亡秦之续耳,窃为大王不取也!"项王未有以应,曰:"坐。"樊哙从良坐。坐须臾,沛公起如厕,因招樊哙出。

沛公已出,项王使都尉陈平召沛公。沛公曰:"今者出,未辞也,为之奈何?"樊哙曰:"大行不顾细谨,大礼不辞小让。如今人方为刀俎,我为鱼肉,何辞为?"于是遂去。乃令张良留谢。良问曰:"大王来何操?"曰:"我持白璧一双,欲献项王,玉斗一双,欲与亚父。会其怒,不敢献。公为我献之。"张良曰:"谨诺。"当是时,项王军在鸿门下,沛公军在霸上,相去四十里。沛公则置车骑,脱身独骑,与樊哙、夏侯婴、靳强、纪信等四人持剑盾步走,从郦山下,道芷阳间行。沛公谓张良曰:"从此道至吾军,不过二十里耳。度我至军中,公乃入。"

沛公已去,间至军中。张良入谢,曰:"沛公不胜杯杓,不能辞。谨使臣良奉白璧一双,再拜献大王足下,玉斗一双,再拜奉大将军足下。"项王曰:"沛公安在?"良曰:"闻大王有意督过之,脱身独去,已至军矣。"项王则受璧,置之坐上。亚父受玉斗,置之地,拔剑撞而破之,曰:"唉!竖子不足与谋。夺项王天下者,必沛公也。吾属今为之虏矣!"

沛公至军,立诛杀曹无伤。

标点、句式与情感

——读《归去来兮辞》与《陈情表》

陶渊明的《归去来兮辞》和李密的《陈情表》是沪教版高三上教材第五单元的两篇课文。这两篇课文放在一起教授,除了能够强化单元主题——亲情、故园情等情感的体悟,也能引发学生对语言形式的思考。有学生在学完这两篇课文之后,就提出这样的疑问:两篇课文的第二段句式的变化与情感的表达相得益彰,只不过古人的文章并无现代标点,那么这种"相得益彰"会不会是我们标点出来的呢?

应该说这位学生抓住了学习这两篇文章的关键。以陶渊明的《归去来兮辞》而言,文章的第二段句式随着情感的流转而变化,确是大文章家的手笔。从"舟遥遥以轻飏"到"恨晨光之熹微"四句,用的是六字句,以轻快的笔调写归途中轻松愉悦的心境;接着忽然由六字句转为四字句,节奏忽然变得更快,这跟"乃瞻衡宇"密切相关,遥遥地望到了自己的家门,"近乡情动",归家之情变得更为激动而迫切;四字句自然更能表达这种心境。然后从"引壶觞以自酌"开始,又从四字句变成六字句,节奏又变得舒缓起来,这显然是因为从这句开始作者已经开启了归家之后"引觞自酌"的闲适自乐的生活。一段之中,句式发生两次变化,纯是情感流转使然,不得不变,不显一点造作之态。这就是非常仰慕陶渊明的苏轼在《答谢师民》中所形容的文章的高妙境界:"大略如行云流水,初无定质,但常行于所当行,常止于所不可不止,文理自然,姿态横生。"当然,这种句式的变化绝不是现代标点的功劳,因为这跟文章本身的节奏有关,也跟本文的文体有关。这篇文章是辞赋,也具有骈文的特色,如第二段中多用对句,全用四六句。因而上文提及的那位同学的疑问也就不成疑问了。

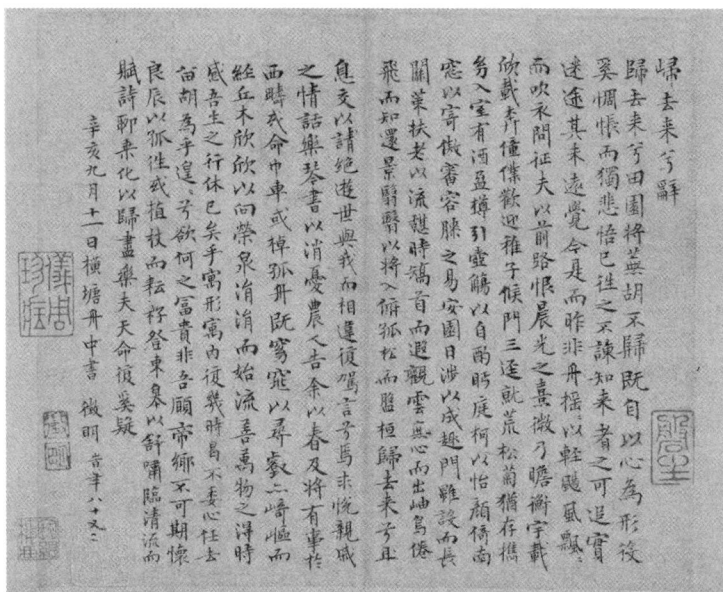

图3-4-1 （明）文征明书《归去来兮辞》

　　但是，若论及李密的《陈情表》恐怕问题要稍微复杂一些，固然此文受时代风尚影响，也喜用对句，但是它毕竟是一封具有实用功能的奏章。因而不能简单通过文体来判别文章的节奏。但是因为《陈情表》一文叙述清晰，逻辑严密，因而依据文章内容来判别此文的句读基本上也没有问题。查阅上海古籍出版社1986年版的李善注《文选》、中华书局1996年版《晋书》、中华书局2004年版《古文观止》三书中所收的《陈情表》，标点大致也是相同的。因而读《陈情表》第二段，我们是能充分地感受到作者娴熟地使用句式的变化来表达情感的流转。如本段中两次写诏书——"诏书特下""诏书切峻"，皇帝两次征召李密前往中央政府任职，第一次是"拜臣郎中"，第二次是"除臣洗马"，这显然给李密造成了很大的心理压力，因而两次"诏书"后面不约而同地使用了整饬峻急的四字句。而在这两次皇帝亲召之前，地方政府已经有两次征召，即"前太守臣逵察臣孝廉，后刺史臣荣举臣秀才"，因为是地方政府的征召，李密的拒绝似乎也没有太大的心理压力，因而写到此处，作者很自然地用了节奏稍微和缓的两个九字句。这两个九字句和后面的四字句形成的对比，让我们很能体会作者心情的变化。

但是，上引三书的标点和沪教版教材的标点又有着细微的差别。沪教版教材中课文注释①提到，本文选自南朝梁萧统编选的《文选》。至于是什么版本的《文选》，教材并未注明。上海古籍出版社 1986 年版的李善注《文选》中的《陈情表》与教材第二段中的标点有两处不同。第一处是"臣具以表闻，辞不就职"后面，教材中用的逗号，上古版《文选》中用的句号。此处

图 3 - 4 - 2 《文选》书影（上海古籍出版社 1986 年版）

很明显当用句号，因为句意已完足，且用逗号与后文的分号相龃龉。此处或是教材排印之讹误。另一处是"臣之进退，实为狼狈"前面，教材用的是冒号，上古版《文选》中用的句号。仔细揣摩，此处用句号当无误，但是教材中用的分号似更能体现作者进退维谷、矛盾挣扎的心境。因为这既符合冒号的语法规范，可以表示对上文的总结，"臣之进退"正是对上文"奉诏奔驰"和"苟顺私情"的总结；同时也使得前后文意连绵不断，读者胸中会生起更为浓烈的逼迫感。

明白这一点，我们似乎也可以再告诉那位有疑问的同学：句式的变化恰是作者情感转变的一种表现手段，并不是标点出来的，但是合理的标点确实又可以使得作者情感的表达更流畅、更微妙。

如教授了《陈情表》之后，另外一位同学对第二段进行了重新标点，对教材中的几处标点进行改动。这也是值得玩味的，兹节录教材标点与学生标点如下：

沪教版教材版本：

逮奉圣朝，沐浴清化。前太守臣逵察臣孝廉，后刺史

臣荣举臣秀才。臣以供养无主,辞不赴命。诏书特下,拜臣郎中,寻蒙国恩,除臣洗马。猥以微贱,当侍东宫,非臣陨首所能上报。臣具以表闻,辞不就职,诏书切峻,责臣逋慢;郡县逼迫,催臣上道;州司临门,急于星火。臣欲奉诏奔驰,则刘病日笃;欲苟顺私情,则告诉不许:臣之进退,实为狼狈。

学生版本:

逮奉圣朝,沐浴清化。前太守臣逵察臣孝廉,后刺史臣荣举臣秀才。臣以供养无主辞不赴命。诏书特下,拜臣郎中,寻蒙国恩,除臣洗马。猥以微贱当侍东宫,非臣陨首所能上报。臣具以表闻,辞不就职。诏书切峻,责臣逋慢;郡县逼迫,催臣上道;州司临门,急于星火。臣欲奉诏奔驰则刘病日笃;欲苟顺私情则告诉不许:臣之进退,实为狼狈。

从学生的改动来看,句式对比更为强烈,凡与朝廷相关的内容,都用四字短句,用以表现朝廷诏命之峻急;与李密应对相关的内容,多用稍长的句式,用以表现李密内心之迟疑,这样,李密内心的矛盾就被强化和凸显出来了。虽然这样的标点仍有值得商榷的地方,但是不妨是理解作者情感的一种手段。

因此,关注文章中的标点、句式与情感表达的关系,实在是深入阅读的有效途径。

【附】

归去来兮辞

【晋】陶渊明

归去来兮!田园将芜,胡不归?既自以心为形役,奚惆怅而独悲? 悟已往之不谏,知来者之可追。实迷途其未远,觉今是而昨非。

　　舟遥遥以轻飏,风飘飘而吹衣。问征夫以前路,恨晨光之熹微。乃瞻衡宇,载欣载奔。僮仆欢迎,稚子候门。三径就荒,松菊犹存。携幼入室,有酒盈樽。引壶觞以自酌,眄庭柯以怡颜。倚南窗以寄傲,审容膝之易安。园日涉以成趣,门虽设而常关。策扶老以流憩,时矫首而遐观。云无心以出岫,鸟倦飞而知还。景翳翳以将入,抚孤松而盘桓。

图3-4-3　《归去来兮辞·农人告余以春及》(明·马轼绘)

　　归去来兮,请息交以绝游。世与我而相违,复驾言兮焉求? 悦亲戚之情话,乐琴书以消忧。农人告余以春及,将有事于西畴。或命巾车,或棹孤舟。既窈窕以寻壑,亦崎岖而经丘。木欣欣以向荣,泉涓涓而始流。善万物之得时,感吾生之行休。

　　已矣乎! 寓形宇内复几时。曷不委心任去留? 胡为乎遑遑欲何之? 富贵非吾愿,帝乡不可期。怀良辰以孤往,或植杖而耘耔。登东皋以舒啸,临清流而赋诗。聊乘化以归尽,乐夫天命复奚疑!

杜甫的妻子真的很美吗

——《月夜》的另一层"虚写"探析

杜 甫的《月夜》是千古传诵的名篇,尤为后人称道的是诗中"虚写"的艺术技巧。这首诗作于天宝十五载(756年)。此时的杜甫被安史叛军掳至长安,而妻子儿女远在鄜州避难。杜甫深陷囹圄,望月思家。而诗人却一反常法,并没有直接抒写对家人的忧思之情,而是借助想象,先描绘了一幅妻子儿女的月下思己图,再拟想了一幅夫妻团圆图。诗人以这样的"虚笔"委曲纡徐地表达了自己对家人的忧思之苦、怀念之切,感动了无数的杜诗读者。历代的诗评家也毫不吝啬地表达了推崇之意。如明代的诗评家王嗣奭在《杜臆》(上海古籍出版社1983年版)中说:"公本思家,却想家人思己,已进一层。……末又想到聚首之时,对月舒愁之状,词旨婉切,见此老钟情之极。"清代的诗评家浦起龙在《读杜心解》(中华书局1961年版)中说:"心已驰神到彼,诗从对面飞来,悲婉微至,精丽绝伦。"当代的唐诗研究专家霍松林先生也在《唐诗鉴赏辞典》(上海辞书出版社2013年版)中鉴赏此诗:"这种从对方设想的方式,妙在从对方那里生发出自己的感情,这种方法尤被后人当作法度。"

　　其实,这种"从对面着笔"的虚写手法在历来的诗词作品中并不鲜见。如白居易《邯郸冬至夜思家》中的"想得家人夜深坐,还应说着远行人",柳永《八声甘州》中的"想佳人,妆楼颙望,误几回,天际识归舟"。这些和《月夜》一样都是"从对面着笔"的名篇。但是,教学此文时学生提了一个疑问:杜甫的妻子真的有他描写的那样美吗?学生的这个问题已经涉及《月夜》独具特色的"从对面着笔"的虚写了。我们可以说,相较其他诸篇,《月夜》的"虚写"是有更深一层次的"虚写"的。具体而言，《邯郸冬至夜思家》和《八声甘州》中想象的家人形象是符合"生活真实"的，而《月夜》中想象的妻子形象是背离"生活真实"的。这层虚写又是历来的诗评家很少提及的。

《月夜》中正面描写妻子形象的是第三联"香雾云鬟湿，清辉玉臂寒"。作者在这里刻画了一个清丽动人、深情缱绻的妻子形象。"香雾"，调动人的嗅觉，写妻子身上散发出淡淡的幽香；"云鬟"调动人的视觉，写妻子绿云扰扰，高挽成髻；"玉臂生寒"，更调动起了人的触觉，让人联想起"肤若凝脂""皓腕凝霜雪"等词句。诗人调动各种感官来描写妻子，让人觉得杜妻显然是一个楚楚动人的美女。这种写法不免让人想起南朝何逊的名文《为衡山侯与妇书》（许梿评选、黎

图3-5-1　《月夜》诗意图（华三川绘）

经诰笺注《六朝文絜笺注》，上海古籍出版社1982年版）中"虽帐前微笑，涉想犹存；而幄里余香，从风且歇"的颇涉香艳的句子。此句中作者也是调动各种感官，描摹妻子的体态之美。孙绍振先生在《读杜甫〈月夜〉》（《语文建设》2009年1月）一文中也分析："（杜甫）写妻子的美，但这种美不是一般的美，而是女性的躯体之美。"而这种"躯体之美"正显示了空间距离的缩近，因为这种云鬟散发出淡淡的幽香、玉臂生发的微微寒意，都是在极近的距离内才能感受得到的。这就让人感到，妻子似乎就在杜甫的眼前，因而诗人的描写才能那样真切。或者，这也让我们觉得，杜甫对妻子的记忆是那样的深刻，所以诗人的想象才会是如此的细致。

图 3 - 5 - 2 《月夜》连环画之一（程十发绘）

但是，事实上，妻子杨氏全然不是杜甫想象的那样美丽动人，而是朱颜早凋、瘦弱多病的，固然杜甫写《月夜》的时候，他的妻子杨氏年纪并不大，只有 35 岁，用现在的衡量标准来看，应该说正是青春貌美之时，也应该正像杜甫想象中的那样清丽深婉。由于安史之乱给唐王朝带来的巨大创伤，身在其中的百姓无不遭受着战争的苦难。杜甫一家在安史之乱中，随着难民逃出长安，躲避在鄜州的羌村。逃出长安的杜甫又只身赶往凤翔拜见唐肃宗，根本无力照顾自己的家小，穷困不已的杜甫更乏经济来源，始终只有妻子杨氏一人勉力支撑着家庭。因此，全家常过着食不果腹的日子，一个小儿子更因为饥饿而死。此时年轻的杜妻杨氏也已是体弱多病、憔悴不堪了。读读杜甫在天宝十四载（755 年，《月夜》的前一年）写的《自京赴奉先县咏怀五百字》（仇兆鳌《杜诗详注》，中华书局 1979 年版）和在至德二年（757 年）写的《北征》（仇兆鳌《杜诗详注》，中华书局 1979 年版），我们就很明白了。《自京赴奉先县咏怀五百字》中写道："老妻寄异县，十口隔风雪。谁能久不顾，庶往共饥渴。入门闻号咷，幼子饥已卒。吾宁舍一哀，里巷亦呜咽。所愧为人父，无食致夭折。"《北征》中写道："经年至茅屋,妻子衣百结。……瘦妻面复光,痴女头自栉。"这两首诗中写到自己妻子的时候,用"老妻""瘦妻"来称呼。固然,"老"和"瘦"中是有作者的情感投射的,是寄寓着诗人对年轻妻子的愧疚之情的。但是,"老"和"瘦"也是比较真实地反映了杜妻生活状态。从《北征》中"面复光"的细节也可看出妻子很可能是面目黧黑,黯淡憔悴的;而不可能是《月夜》中所描绘的"香雾云鬟"和"清辉玉臂"了。

因而,《月夜》中清丽动人的妻子形象应该不是生活真实了,这是"从对面着笔"里的更深一层次的"虚写"了。但是这层虚写,虽然在生活上失真了,却获得了艺术真实,产生了感人至深的艺术魅力。也就是说,《月夜》中的妻子形象,不能是"老""瘦""黑"的,而必须是明丽动人的,只有这样才具有动人肺腑的艺术感染力。这一方面跟《月夜》营造的意境有关。洒下清辉的明月与清丽深情的女子构成了一个和谐的凄清的意境。而这凄清的意境又更加衬托出作者心

图3-5-3　杜甫像(蒋兆和绘)

中深切的悲情。若换成《北征》中的妻子形象的话,无疑就破坏了诗歌整体的意境。而更重要的是,这个明丽动人的形象跟诗歌主题和诗人情感是相关的。与正面反映战争苦难的《北征》不同,《月夜》的主题是思人,思念的人写得越是美丽,月色写得越是美好,意境营造得越是凄美,那我们就能体会到诗人的思念情感越发浓烈。因而,王嗣奭在《杜臆》中说"'云鬟''玉臂',语丽而情更悲",沈德潜在《唐诗别裁》中指出"五、六(句)语丽情悲,非寻常秾艳"。另外,从杜甫的内心深处去琢磨,恐怕这样美好的形象也是杜甫的殷切期盼。诗人身处囹圄,家人颠沛流离,生死不知。此时的诗人其

实对未能照顾好自己的妻子儿女是有无尽的愧疚的,就像他在《自京赴奉先县咏怀五百字》中所抒发的"所愧为人父";因而他是多么希望远在鄜州的家人能安好无恙啊! 这是一种对自我的慰藉,更是情到浓处的一种幻想。总而言之,这个"生活失真"的形象,这层虚写,之所以能够更感染读者,获得"艺术真实",根源于这个艺术形象熔铸了诗人浓烈的真情实感。

梁启超称杜甫是"情圣","因为他的情感的内容,是极丰富的,极真实的,极深刻的。他表情的方法又极熟练,能鞭辟到最深处,能将他全部完全反映不走样子,能像电气一般,一振一荡的打到别人的心弦上"。(梁启超《情圣杜甫》,中华书局 1989 年版《饮冰室文集》之三十八)照这么说,《月夜》中的虚写,也只不过是诗人"表情的方法",是诗人情到深处,不得不为而已。

【附】

月　夜

【唐】杜　甫

今夜鄜州月,闺中只独看。
遥怜小儿女,未解忆长安。
香雾云鬟湿,清辉玉臂寒。
何时倚虚幌,双照泪痕干。

"许先生"何许人也
——读《回忆鲁迅先生》

萧红的《回忆鲁迅先生》收录在沪教版高一下语文教材中,是回忆鲁迅先生的文章中的经典之作。这篇文章的写法和传统文章不太一样,全文就好像是流水账,似乎全无章法,信笔所至,有散漫之嫌;但是全文中对鲁迅先生的细节描写真切感人,超越了对鲁迅先生宏大的叙事模式,摆脱了对鲁迅先生概念化的描述,从而还原了一个真实生活中的鲁迅形象。若从俄国形式主义者陌生化理论来看的话,萧红的笔法完全打破了我们对鲁迅先生的印象和感觉,从而产生了特殊的文学效果。学生在学习这篇文章之时,对文中的细节也非常感兴趣,当然也会对其中的一些细节产生疑问。有些疑问是知识性的问题,很容易解决,似乎不值一谈,但是借此引导学生做些深入的探究,也是颇有意味的。如一位学生上课的时候即兴提出问题:文中的许先生是谁?

许先生——许广平,鲁迅先生的爱人。这能解决学生的部分疑惑。但称女性为先生,这似乎又是提问学生的一层疑惑。据语言学家邢福义在《在广阔时空背景下观察"先生"与女性学人》(《世界汉语教学》2005.03)一文中考证,以"先生"称呼女性大概

图 3-6-1 鲁迅先生全家福

与中国的现代史同步,一般称呼在文化、教育领域里取得杰出成就、享有社会威望的女性。如比较著名的事例,毛泽东两次致信宋庆龄女士,都称呼"庆龄先生"。

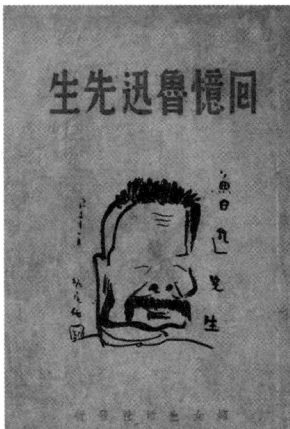

图 3-6-2 《回忆鲁迅先生》书影(妇女生活社 1940 年版)

《回忆鲁迅先生》一文中萧红称呼许广平皆为"许先生",这当然是极为尊敬的称呼。这份尊敬,不仅是对鲁迅先生的爱人的敬重,是对一个患难中相助者的感激,更是对一个追求自由独立的现代知识女性的敬意。此文中对许先生的着墨虽然不多,大多时候作者只是借许先生之言之行来写鲁迅先生而已,但是我们依然能真切地感受到萧红对许广平温暖的情感。如沪教版教材选文的第四部分写鲁迅先生的饮食起居,作者写到和许先生一起包饺子,两人边包饺子边聊天,这是全文中为数不多的描写萧红和许广平单独相处的场面。许先生聊了自己"怎样离开家的,怎样到天津读书的,在女师大读书时怎样做了家庭教师……",这三个"怎样"诠释了"娜拉"出走之后的艰辛历程,笔墨之间潜藏着作者对许先生的尊重与敬佩。"冬天来了,北平又冷,那家离学校又远,每月除了车子钱之外,若伤风感冒还得自己拿出买阿司匹林的钱来,每月薪金十元,要从西城跑到东城",对许广平这段异常艰辛的经历,萧红用"非常有趣"来形容,这固然是跟许广平绘声绘色的描绘有一定关系,也跟萧红儿童般天真的视角有关,若再联系萧红二十岁逃出家庭后坎坷困顿的遭际,恐怕这里更有作者萧红惺惺相惜的认可与共鸣。因而,下一段文字中作者郑重其事地写道:"那一天吃得是很好的。"之所以说是"郑重其事",一则因为这句话放在这一段的段尾,收束此段,坚决而有力;二则此句中比一般的写法多了一个"是"与一个"的"字,强调意味明显。按照一般的表达,"那一天吃得很好",意思是清晰的,但是相比而言,有了"是"与"的"字,语气因舒缓而郑重,情感因清晰而强烈。那么,这郑重其事的一笔,"是很好的","好"就不在美食之饱腹,而在内心之满足。这显然是跟当晚许先生谈及自己人生经历有关的。这里有谈话之相得、人生之激励,更有生命之共鸣。

那么,从这个意义上看,"许先生"这个称谓里面就不仅有尊敬,也有一种亲近的意味。其实细读《回忆鲁迅先生》全文,我们会发现萧红记叙鲁迅一般为"鲁迅先生",但是偶然几处会写作"周先生","周先生"显然是日常的称呼,显得亲切,行文一般作"鲁迅先生",显得庄重。而这几处"周先生"的称呼,往往是萧红写得异常动情之时的流露。其实,"许先生"的称谓里也是不乏这种亲近之意的。这种亲近之意,常以一种孩子的视角呈现,可以说在《回忆鲁迅先生》一文中随处而有。

如读沪教版教材选文第三部分鲁迅先生点评萧红的衣裳。"为着取笑,把那桃红色的,许先生举起来放在我的头发上",这显然是许先生的玩笑之举,但鲁迅先生"这一看,他就生气了,他的眼皮往下一放向我们这边看着:'不要那样装她……'"。这一细节当然是显示鲁迅先生对萧红的爱护。但细读这段叙述的话,萧红对自己的描述很有意思,"我也非常得意,很规矩又顽皮地等着鲁迅先生往这边看我们","规矩又顽皮"展现的是故作严肃而又透露着几分狡黠的表情,这完全是小孩子调皮的神情。换句话说,在这里,其实萧红内心中是将自己当作小孩子来看的。以这个角度再来看这段叙述,这幅图景不正像一个妈妈逗弄自己的女儿,然后被疼惜女儿的爸爸责怪吗?"许先生有点窘了""我也安静下来",气氛似乎是凝重的,但透露出来的更多的是"温情"。也许背着鲁迅先生,"母女"俩正相视咋舌而笑呢!

在萧红的叙述中,这种类似女儿对父母的亲近与温情在沪教版教材选文第七部分中也有淋漓尽致的体现。

　　"海婴一看到我非拉我到院子里和他一道玩不可,拉我的头发或拉我的衣裳。

　　为什么他不拉别人呢? 据周先生说:'他看你梳着辫子,和他差不多,别人在他的眼里都是大人,就看你小。'

　　许先生问着海婴:'你为什么喜欢她呢? 不喜欢别人?'

　　'她有小辫子。'说着就来拉我的头发。"

　　这段叙述有一处是值得玩味的。"为什么他不拉别人呢"这整段文字的叙述方式和前后文是不一样的,前后文都在叙述海婴来拉"我"的辫子,作者是客观的叙述者,而这一段中作者忽然从客观的叙述中跳脱出来直接与读者对话,告诉读者"我"在海婴眼中就像小孩子。这段叙述,与其说要插叙鲁迅先生的评论,不如说是萧红自己内心强烈的宣示:在鲁迅和许广平这里,她和海婴就是两个孩子,甚至是一对姐弟。

　　因而,在萧红的叙述中,对许先生、周先生除了一份敬重之外,更有一份亲近和温情蕴藏其中。这种视自己为小孩子、追寻着家庭温情的叙述,恐怕是和萧红的个人经历有一定关系。萧红幼年丧母,父亲继母待她冷淡,因而几乎没享受过父母的疼爱,也缺乏家庭的温情。她在《永远的憧憬与追求》(《萧红散文》,人民文学出版社 2016 年版)中说,"二十岁那年,我就逃出了父亲的家庭","所以我就向这'温暖'和'爱'的方面怀着永久的憧憬和追求"。可是始终追求温情和爱的萧红,在她以后遇到的男性,不管是未婚夫程恩甲,还是她的前后两任丈夫——萧军和端木蕻良身上都没找到这种温情和爱。而恰恰在鲁迅先生这里,特别是鲁迅先生的家里,她找到了期盼已久、终生寻觅的家的温暖。因而,在萧红的心里,像鲁迅先生这样值得尊重的父亲、像许先生这样知书达理的母亲,像海婴这样调皮可爱的弟弟,正满足了她情感的渴望。因此,文中常常以一种小孩子的形象描述自己,应该说与此是不无关联的。值得注意的是,写作此文的 1939 年也正是萧红生命中最为孤独寂寞的时候,写完此文之后,萧红写了《呼兰河传》中回忆祖父的片段,以一种饱含情感的笔墨低诉着对曾经给予自己温暖的祖父的眷念。

但是,萧红对鲁迅和许广平先生这种类似女儿对父母的亲近感,更多时候只是存在于萧红的叙述中的。因为至少从许广平的角度来看,她是不这么认为的。1935 年萧红在鲁迅先生的支持下出版了成名作《生死场》,但是与萧军的关系却出现了裂痕,心情苦恼,几乎每天都到鲁迅位于北四川路大陆新村的家里去,有时甚至一天去几次。《回忆鲁迅先生》中也有记载:"以后也住到北四川路来,就每夜饭后必到大陆新村来了,刮风的天,下雨的天,几乎没有间断的时候。"许广平对萧红每天的造访是颇有微词的,但是没有当面表露。萧红去世之后,许广平写了《追忆萧红》(王观泉编《怀念萧红》,黑龙江人民出版社 1981 年版),文中就有这样的埋怨:"这时过从很密,差不多鲁迅先生也时常生病,身体本来不大好。萧红先生无法摆脱她的伤感,每每整天的耽搁在我们寓里。为了减轻鲁迅先生整天陪客的辛劳,不得不由我独自和她在客室谈话,因而对鲁迅先生的照料就不能兼顾,往往弄得我不知所措。"由这段追述,我们可以看出许广平当时真正的心境。萧红每天的造访已然给许广平带来了不小的烦恼。

这样的话,在萧红的记述中她对鲁迅、许广平这种家人般的亲近和温情,和在许广平的记述中她对萧红的埋怨和烦恼之间,就产生了一钟情感的错位。而正是这种情感的错位,使得《回忆鲁迅先生》越发具有一种动人心魄的情

图 3-6-3 萧红与萧军

感力量。从理性的角度来说,萧红应该认识到鲁迅先生在重病之中应该多休息,不便多有打搅。萧红的行为显然是非理性的,但是恰恰是这种非理性更显示出萧红内心对亲情的渴望以及对鲁迅一家的依赖。从人际相处的角度来说,萧红应该把握好人际交往中的距离感,似乎也应该察觉到许广平些微的不快。但是萧红似乎是很迟钝的,她在许广平身上感受到的却只有母亲般的温情。这种情感的错位,恰恰又真切地显现出萧红内心世界的纯净以及对情感的渴望。

从这个角度再来回看学生的问题:许先生何许人也? 我想,这不只是学生会碰到的知识问题,其实也应该是萧红的情感疑问。

【附】

回忆鲁迅先生

萧　红

鲁迅先生的笑声是明朗的,是从心里的欢喜。若有人说了什么可笑的话,鲁迅先生笑得连烟卷都拿不住了,常常是笑得咳嗽起来。

鲁迅先生走路很轻捷,尤其他人记得清楚的,是他刚抓起帽子来往头上一扣,同时左腿就伸出去了,仿佛不顾一切地走去。

图 3 - 6 - 4　鲁迅先生

鲁迅先生不大注意人的衣裳,他说:"谁穿什么衣裳我看不见得……"

鲁迅先生生病,刚好了一点,他坐在躺椅上,抽着烟,那天我穿着新奇的大红的上衣,很宽的袖子。

鲁迅先生说:"这天气闷热起来,这就是梅雨天。"他把他装在象牙烟嘴上的香烟,又用手装得紧一点,往下又说了别的。

许先生忙着家务跑来跑去,也没有对我的衣裳加以鉴赏。

于是我说:"周先生,我的衣裳漂亮不漂亮?"

鲁迅先生从上往下看了一眼:"不大漂亮。"

过了一会又接着说:"你的裙子配的颜色不对,并不是红上衣不好看,各种颜色都是好看的,红上衣要配红裙子,不然就是黑裙子,咖啡色的就不行了;这两种颜色放在一起很浑浊……你没看到外国人在街上走的吗?绝没有下边穿一件绿裙子,上边穿一件紫上衣,也没有穿一件红裙子而后穿一件白上衣的……"

鲁迅先生就在躺椅上看着我:"你这裙子是咖啡色的,还带格子,颜色浑浊得很,所以把红色衣裳也弄得不漂亮了。"

"……人瘦不要穿黑衣裳,人胖不要穿白衣裳;脚长的女人一定要穿黑鞋子,脚短就一定要穿白鞋子;方格子的衣裳胖人不能穿,但比横格子的还好;横格子的胖人穿上,就把胖子更往两边裂着,更横宽了,胖子要穿竖条子的,竖的把人显得长,横的把人显得宽……"

图 3-6-5　许广平与萧红

那天鲁迅先生很有兴致,把我一双短统靴子也略略批评一下,说我的短靴是军人穿的,因为靴子的前后都有一条线织的拉手,这拉手据鲁迅先生说是放在裤子下边的……

我说:"周先生,为什么那靴子我穿了多久了而不告诉我,怎么现在才想起来呢?现在我不是不穿了吗?我穿的这不是另外的鞋吗?"

"你不穿我才说的,你穿的时候,我一说你该不穿了。"

那天下午要赴一个筵会去,我要许先生给我找一点布条或绸条束一束头发。许先生拿了来米色的绿色的还有桃红色的。经我和许先生共同选定的是米色的。为着取笑，把那桃红色的，许先生举起来放在我的头发上，并且许先生很开心地说着：

"好看吧！多漂亮！"

我也非常得意，很规矩又顽皮地在等着鲁迅先生往这边看我们。

鲁迅先生这一看，他就生气了，他的眼皮往下一放向着我们这边看着：

"不要那样装她……"

许先生有点窘了。

我也安静下来。

鲁迅先生在北平教书时，从不发脾气，但常常好用这种眼光看人，许先生常跟我讲，她在女师大读书时，周先生在课堂上，一生气就用眼睛往下一掠，看着他们，这种眼光是鲁迅先生在记范爱农先生的文字曾自己述说过，而谁曾接触过这种眼光的人就会感到一个时代的全智者的催逼。

我开始问："周先生怎么也晓得女人穿衣裳的这些事情呢？"

"看过书的，关于美学的。"

"什么时候看的……"

"大概是在日本读书的时候……"

"买的书吗？"

"不一定是买的，也许是从什么地方抓到就看的……"

"看了有趣味吗？！"

"随便看看……"

"周先生看这书做什么？"

"……"没有回答，好像很难以答。

许先生在旁说："周先生什么书都看的。"

在鲁迅先生家里做客人，刚开始是从法租界来到虹口，搭电车也要差不多一个钟头的工夫，所以那时候来的次数比较少。记得有一次谈到半夜了，一过十二点电车就没有的，但那天不知讲了些什么,讲到一个段落就看看旁边小长桌上的圆钟,十一点半了,十一点四十五分了,电车没有了。

"反正已十二点,电车也没有,那么再坐一会。"许先生如此劝着。

鲁迅先生好像听了所讲的什么引起了幻想,安顿地举着象牙烟嘴在沉思着。

一点钟以后,送我(还有别的朋友)出来的是许先生,外边下着的蒙蒙的小雨,弄堂里灯光全然灭掉了,鲁迅先生嘱咐许先生一定让坐小汽车回去,并且一定嘱咐许先生付钱。

以后也住到北四川路来,就每夜饭后必到大陆新村来了,刮风的天,下雨的天,几乎没有间断的时候。

鲁迅先生很喜欢北方饭,还喜欢吃油炸的东西,喜欢吃硬的东西,就是后来生病的时候,也不大吃牛奶。鸡汤端到旁边用调羹舀了一二下就算事。

有一天约好我去包饺子吃,那还是住在法租界,所以带了外国酸菜和用绞肉机绞成的牛肉。就和许先生站在客厅后边的方桌边包起来,海婴公子围着闹的起劲,一会按成圆饼的面拿去了,他说做了一只船来,送在我们的眼前,我们不看它,转身他又做了一只小鸡,许先生和我都不去看它,对他竭力避免加以赞美,若一赞美起来,怕他更做的起劲。

客厅后没到黄昏就先黑了,背上感到些微微的寒凉,知道衣裳不够了,但为着忙,没有加衣裳去。等把饺子包完了看看那数目并不多,这才知道许先生我们谈话谈得太多,误了工作。许先生怎样离开家的,怎样到天津读书的,在女师大读书时怎样做了家庭教师,她去考家庭教师的那一段描写,非常有趣,只取一名,可是考了好几十名,她之能够当选算是难的了。指望对于学费有点补足,冬天来了,北平又冷,那家离学校又远,每月除了车子钱之外,若伤风感冒还得自己拿出买阿司匹林的钱来,每月薪金十元要从西城跑到东城……

饺子煮好，一上楼梯，就听到楼上明朗的鲁迅先生的笑声冲下楼梯来，原来有几个朋友在楼上也正谈得热闹。那一天吃得是很好的。

以后我们又做过韭菜合子，又做过荷叶饼，我一提议鲁迅先生必然赞成，而我做得又不好，可是鲁迅还是在桌上举着筷子问许先生："我再吃几个吗？"

因为鲁迅先生胃不大好，每饭后必吃"脾自美"药丸一二粒。

有一天下午鲁迅先生正在校对着瞿秋白的《海上述林》，我一走进卧室去，从那圆转椅上鲁迅先生转过来了，向着我，还微微站起了一点。

"好久不见，好久不见。"一边说着一边向我点头。

刚刚我不是来过了吗？怎么会好久不见？就是上午我来的那次周先生忘记了，可是我也每天来呀……怎么都忘记了吗？

周先生转身坐在躺椅上才自己笑起来，他是在开着玩笑。

图3-6-6 许广平、萧红、萧军、周海婴在鲁迅先生墓前

梅雨季,很少有晴天,一天的上午刚一放晴,我高兴极了,就到鲁迅先生家去了,跑得上楼还喘着。鲁迅先生说:

"来啦!"我说,"来啦!"

我喘着连茶也喝不下。

鲁迅先生就问我:

"有什么事吗?"

我说:"天晴啦,太阳出来啦。"

许先生和鲁迅先生都笑着,一种对于冲破忧郁心境的展然的会心的笑。

海婴一看到我非拉我到院子里和他一道玩不可,拉我的头发或拉我的衣裳。

为什么他不拉别人呢? 据周先生说:"他看你梳着辫子,和他差不多,别人在他眼里都是大人,就看你小。"

许先生问着海婴:"你为什么喜欢她呢? 不喜欢别人?"

"她有小辫子。"说着就来拉我的头发。

鲁迅先生家客人很少,几乎没有,尤其是住在他家里的人更没有。一个礼拜六的晚上,在二楼上鲁迅先生的卧室里摆好了晚饭,围着桌子坐满了人。每逢礼拜六晚上都是这样的,周建人先生带着全家来拜访的。在桌子边坐着一个很瘦的很高的穿着中国小背心的人,鲁迅先生介绍说:"这是位同乡,是商人。"

初看似乎对的,穿着中国裤子,头发剃得很短。当吃饭时,他还让别人酒,也给我倒一盅,态度很活泼,不大像个商人;等吃完了饭,又谈到《伪自

图3-6-7 鲁迅一家与冯雪峰一家

由书》及《二心集》。这个商人，开明得很，在中国不常见。没有见过的，就总不大放心。

下一次是在楼下客厅后的方桌上吃晚饭，那天很晴，一阵阵的刮着热风，虽然黄昏了，客厅后还不昏黑。鲁迅先生是新剪的头发，还能记得桌上有一盘黄花鱼，大概是顺着鲁迅先生的口味，是用油煎的。鲁迅先生前面摆着一碗酒，酒碗是扁扁的，好像用做吃饭的饭碗。那位商人先生也能喝酒，酒瓶就站在他的旁边。他说蒙古人什么样，苗人什么样，从西藏经过时，那西藏女人见了男人追她，她就如何如何。

这商人可真怪，怎么专门走地方，而不做买卖？并且鲁迅先生的书他也全读过，一开口这个，一开口那个。并且海婴叫他×先生，我一听那×字就明白他是谁了。×先生常常回来得很迟，从鲁迅先生家里出来，在弄堂里遇到了几次。

有一天晚上×先生从三楼下来，手里提着小箱子，身上穿着长袍子，站在鲁迅先生的面前，他说他要搬了。他告了辞，许先生送他下楼去了。这时候周先生在地板上绕了两个圈子，问我说：

"你看他到底是商人吗？"

"是的。"我说。

鲁迅先生很有意思的在地板上走几步，而后向我说："他是贩卖私货的商人，是贩卖精神上的……"

×先生走过二万五千里回来的。

青年人写信，写得太草率，鲁迅先生是深恶痛绝之的。

"字不一定要写得好，但必须得使人一看了就认识，年轻人现在都太忙了……他自己赶快胡乱写完了事，别人看了三遍五遍看不明白，这费了多少工夫，他不管。反正这费了功夫不是他的。这存心是不太好的。"

但他还是展读着每封由不同角落里投来的青年的信，眼睛不济时，便戴起眼镜来看，常常看到夜里很深的时光。

天下谁人不识君
——读《南州六月荔枝丹》

《南州六月荔枝丹》是生物学家贾祖璋先生的说明文名文,自上个世纪 80 年代以来,被人教版、苏教版等多种教材收录。沪教版高二下学期语文教材中也收录了此文。这篇介绍荔枝的文章,一直作为说明文和科学小品文教学的典范素材。学习这篇文章之前,有个学生在预习笔记中提出一个有意思的问题:"现在新鲜荔枝并不是稀罕之物,已是走入寻常百姓家的水果,读这篇说明文还有什么意义呢?"这个问题有一定道理。这篇文章于 1979 年 5 月

图 3 - 7 - 1 《生物学碎锦》书影(福建科技出版社 1980 年版)

发表于科普杂志《知识就是力量》,随后收录在 1980 年福建科技出版社出版的《生物学碎锦》(沪教版教材误作《生物学晬锦》)一书中。在文章发表的七八十年代之交,一般读者特别是广东、福建以北的读者对荔枝还是相当陌生的,因而文章对荔枝的介绍是能满足读者对未知知识的欲望的。但是,走进新世纪之后,荔枝已然成为大众水果,那么这篇文章的科普意义不免打了折扣。

当然,对于学生的疑问,我们也可以简单回复:我们可以学习作者是如何说明荔枝的。毕竟除了具体的名物知识之外,说明文写作中的说明方法、说明顺序、说明语言才是说明文教学中的重

点。这篇文章中,作者以准确而生动的说明语言,以由主及次、由外而内的说明顺序,介绍了荔枝本身和与荔枝相关的情况。以此而言,本文也可作为学习说明文"三要素"的范文。但是若是学生再追问:说明文的"三要素",我们初中已经学过了,我们为什么还要学? 这就迫使我们思考:高中生从这篇说明文中到底学什么?

这还得从这篇说明文的特色上思考。这篇说明文和一般的文艺说明文有什么不一样,比如和白居易的《荔枝图序》有什么不一样? 首先,这篇文章除了对荔枝作了生动的介绍,还带有很浓的名物考辨色彩,而且主要是引用白居易的《荔枝图序》对之进行考辨,因而这就不是一篇一般意义上的文艺说明文了。

图3-7-2　荔枝图(齐白石绘)

文章第一段引用了白居易的《荔枝图序》,不仅是因为"我"对《荔枝图序》的疑问而引发了下文对荔枝的说明,更重要的是《荔枝图序》基本上可以说是下文作者说明荔枝的"纲"。说是"纲",不仅因为下文基本围绕着第一段所引的《荔枝图序》的说明顺序来写荔枝,而且因为下文多处对《荔枝图序》中的介绍进行考辨。文章第二段第一句"白居易用比喻的笔法来描写荔枝的形态,的确也有不足之处",看上去只是引出本段对荔枝壳的说明,其实是总领下文第二段到第十段对荔枝本身的说明。下文多处或纠正、或充实白居易《荔枝图序》中的说明,正是承着这一句中的"不足之处"而写的。

比如第二段作者指出荔枝壳是粗糙的,纠正了白居易"壳如红缯"的说法。第六段中作者指出荔枝膜是白色的,并不是白居易说的"膜如紫绡",并点出白居易是将荔枝壳内壁的颜色误作膜的颜色了。第七段中作者指出荔枝肉"莹白如冰雪"在大多数情况下是正确的,因为也有的荔枝肉是微带黄色的。作者加上"大多数"三个字之后,措辞就显得更严谨了。然后作者进一步指出我们所说的荔枝肉其实并不是荔枝的果肉,而是假种皮。作者用现代植物学的知识对白居易"瓤肉"的概念进行矫正。这段中还对白居易的"浆液甘酸如醴酪"修正,指出有的荔枝"纯甜",有的则"酸味较强"。第八段中写荔枝"不耐贮藏"的特点,作者基本上认可白居易"一日而色变,二日而香变,三日而味变,四五日外,色香味尽去矣"的说法,但是作者还是补充了"温度保持在1℃到5℃,可贮藏30天左右"等信息,使白居易的说法更完整更严谨。再如《荔枝图序》中还有"花如橘,春荣"的说法,文章第十段提到广东有双季荔枝,又有四季荔枝,一年开花两次甚至四次之多,并非只是"春天开花",这又是对白居易说法的补正了。

由此可见,本文并非只是简单地介绍荔枝,而是在考辨前人的文章的基础之上,提出自己的看法。而在考辨的过程之中,不管是纠正或是补正前人的信息,作者都力求使自己提供的信息更严谨、更科学。因而文章多处对古代诗文包括《荔枝图序》的引用,一方面是增强文章的文学性、可读性;另一方面也往往作为作者说明时的"靶子",纠正前人的所说,提供更确实的信息。从这个角度来说,这篇科学小品与一般的文艺说明文的不同之处是,引用的意图之重点不在"文艺"上,而在"科学"之上。

若我们做些深度探究,还会发现作者对"科学性"的追求还不只是表现在引用前人诗句、考辨前人错误之上。比如学生经常会问到的另一问题:文章第十三段连用汉武帝、宋徽宗、文征明的例子有何用意？这个问题还可以做些补充：第八段中引用唐明皇的例子难道只是想说明荔枝不耐贮藏吗？

第十三段中的三个北移荔枝失败的例子，空间上由北而南，时间上由汉至明，似乎在证明这段的第一句"荔枝是亚热带果树，性喜温暖，成都、福州是它的生长北限"。但是仔细分析，这三个例子其实是无法证明成都、福州是荔枝的生长北限的。其实作者也不是想用这三个例子来证明这一点。这三个例子是告诫我们要尊重科学规律，尊重荔枝的生长规律。一切妄图凭借权力改变植物的生长规律都必将失败。因而后文"现在科学发达，使荔枝北移，将来也许不是完全不可能的事"，作者以一个双重否定，再加上一个"完全"，表达了对荔枝北移前景的不乐观。那么，言下之意就是现在若妄图违背荔枝生长规律，那必然也将是失败的，而且会给百姓带来痛苦，就像唐明皇强行将荔枝兼程飞骑送至长安一样，只能"给人民造成许多痛苦"。正是在这样的基础上，作者在最后一段提出了"因地制宜，努力发展本地区的特产"的观点。联系在这篇文章发表不久之前的那场政治运动之中蔑视科学、违背规律的事情时有发生，可知本文未必没有一些现实针对性。

因而，作者对"科学性"的追求，不只是表现在提供准确的信息上，更重要的是表现在对科学规律的遵守上。普及科学知识固然重要，但弘扬科学精神更为急迫。读这篇文艺说明文，渗透于全文中的"科学精神"确实是值得注意的，特别是那些看似增强文艺性的引用和举例，往往恰恰是"科学精神"的体现。

若回到文章开头学生的那个问题：高中生从这篇说明文中到底学什么？我们不妨引导学生关注这篇文艺说明文中看似"文艺"的部分到底用意何在。看似"文艺"之处，恰恰是"科学"的，这正是这篇文章与众不同之处，也是文章肯綮之地。

【附】

南州六月荔枝丹

贾祖璋

幼年时只知道荔枝干的壳和肉都是棕褐色的。上了小学,老师讲授白居易的《荔枝图序》,读到"壳如红缯,膜如紫绡,瓤肉莹白如冰雪,浆液甘酸如醴酪",实在无法理解,荔枝哪里会是红色的!荔枝肉像冰雪那样洁白,不是更可怪吗? 向老师提出疑问,老师也没有见过鲜荔枝,无法说明白,只好不了了之。假如是现在,老师纵然没有见过鲜荔枝,也可以找出科学的资料,给有点钻牛角尖的小学生解释明白吧。

图3-7-3 荔枝满枝

白居易用比喻的笔法来描写荔枝的形态,的确也有不足之处。缯是丝织物,丝织物滑润,荔枝壳却是粗糙的。用果树学的术语来说,荔枝壳表面有细小的块状裂片,好像龟甲,特称龟裂片。裂片中央有突起部分,有的尖锐如刺,这叫做片峰。裂片大小疏密,片峰尖平,都因品种的不同而各异。

成熟的荔枝,大多数是深红色或紫色。生在树头,从远处当然看不清它壳面的构造，只有红色映入眼帘，因而把它比做"绛囊""红星""珊瑚珠"，都很逼真。至于整株树以至成片树林，那就成为"飞焰欲横天""红云几万重"的绚丽景色了。荔枝的成熟期，广东是四月下旬到七月，福建是六月下旬到八月，都以七月为盛期，"南州六月荔枝丹"指的是阴历六月，正当阳历七月。荔枝也有淡红色的，如广东产的"三月红"和"桂绿"等。又有黄荔，淡黄色而略带淡红。

荔枝呈心脏形、卵圆形或圆形，通常蒂部大，顶端稍小。蒂部周围微微突起，称为果肩；有的一边高，一边低。顶端叫果顶，浑圆或尖圆。两侧从果顶到蒂部有一条沟，叫做缝合线，显隐随品种而不同。旧记载中还有一些稀奇的品种，如细长如指形的"龙牙"、圆小如珠的"珍珠"，因为缺少经济价值，现在已经绝种了。

荔枝大小，通常是直径三四厘米，重十多克到二十多克。六十年代，广东调查得知，有鹅蛋荔和丁香大荔，重达四五十克。还有四川合江产的"楠木叶"，《四川果树良种图谱》说它重十九克左右，《中国果树栽培学》则说大的重六十克。

所谓"膜如紫绡"，是指壳内紧贴壳的内壁的白色薄膜。说它"如紫绡"，是把壳内壁的花纹误作膜的花纹了。明代徐𤊹有一首《咏荔枝膜》诗，描写吃荔枝时把壳和膜扔在地上，好似"盈盈荷瓣风前落，片片桃花雨后娇"，是夸张的说法。

图3-7-4 《过华清宫》诗意图（戴邦敦绘）

荔枝的肉大多数白色半透明，说它"莹白如冰雪"，完全正确。有的则微带黄色。从植物学的观点看，它不是果肉，而是种子外面的层膜发育而成的，应称作假种皮。真正的果肉倒是前面说的连同果壳扔掉的那一层膜。荔枝肉的细胞壁特别薄，所以入口一般都不留渣滓。味甜微酸，适宜于生食。有的纯甜。早熟品种则酸味较强。荔枝晒干或烘干，肉就成红褐色，完全失去洁白的面貌。

荔枝不耐贮藏，正如白居易说的："一日而色变，二日而香变，三日而味变，四五日外，色香味尽去矣。"现经研究证实，温度保持在1℃到5℃，可贮藏三十天左右。还应进一步设法延长贮藏期，以利于长途运输，因为荔枝不耐贮藏，古代宫廷想吃荔枝，就要派人兼程飞骑从南方远送长安或洛阳，给人民造成许多痛苦。唐明皇为了宠幸杨贵妃，就干过这样的事，唐代杜牧诗云："长安回望绣成堆，山顶千门次第开。一骑红尘妃子笑，无人知是荔枝来。"就是对这件事的嘲讽。

荔枝的核就是种子，长圆形，表面光滑，棕褐色，少数品种为绿色。优良的荔枝，种子发育不全，形状很小，有似丁香，也叫焦核。现在海南岛有无核荔枝，核就更加退化了。

荔枝花期是二月初到四月初，早晚随品种而不同。广东有双季荔枝，一年开花两次。又有四季荔枝，一年开花四次之多。花形小，绿白色或淡黄色，不耀眼。花分雌雄，仅极少数品种有完全花。雌雄花往往不同时开放，宜选择适当的品种混栽在一起，以增加授粉的机会。一个荔枝花序，生花可有一二千朵，但结实总在一百以下，所以有"荔枝十花一子"的谚语。荔枝花多，花期又长，是一种重要的蜜源植物。

荔枝原产于我国，是我国的特产。海南岛和廉江有野生的荔枝林，可为我国是原产地的明证。据记载，南越王尉佗曾向汉高祖进贡荔枝，足见当时广东已有荔枝。它的栽培历史，就从那个时候算起，也已在二千年以上了。唐代对四川荔枝多有记述。自从蔡襄的《荔枝谱》(1059年)成书以后，福建荔枝也为所重视。广西和云南也产荔枝，却有少有人说起。

古代讲荔枝的书，包括蔡襄的在内，现在知道的共有十三种，以记福建所产的为多，尚存八种；记载广东所产的仅存一种。清初陈鼎一谱，则对川、粤、闽三省所产都有记载。蔡谱不仅是我国，也是世界的果树志中，著作年代最早的一部。内容包括荔枝的产地、生态、功用、加工、运销以及有关荔枝的史事，并记载了荔枝的三十二个品种。其中"陈紫"一种现在仍然在广为栽培。"宋公荔枝"现名"宋家香"，有老树一株，尚生长在莆田宋氏祠堂里，依然每年开花结实。这株千年古树更足珍惜。

荔枝是亚热带果树，性喜温暖，成都、福州是它生长的北限。汉武帝曾筑扶荔宫，把荔枝移植到长安，没有栽活，迁怒于养护的人，竟然对他们施以极刑。宋徽宗时，福建"以小株结实者置瓦器中，航海至阙下，移植宣和殿"。徽宗写诗吹嘘说："密移造化出闽山，禁御新栽荔枝丹。"实际上不过当年成熟一次而已。明代文征明有《新荔篇》诗，说常熟顾氏种活了几株，"仙人本是海山姿，从此江乡亦萌蘖。"但究竟活了多少年，并无下文。现在科学发达，使荔枝北移，将来也许不是完全不可有的事。

我国幅员广阔，不同地区有不同的特产。因地制宜，努力发展本地区的特产，是切合实际的做法。盛产荔枝的地区，应该大力发展荔枝的生产。苏轼有诗云："罗浮山下四时春，卢橘杨梅次第新。日啖荔枝三百颗，不辞长作岭南人。"但日啖三百颗，究竟能有几人呢？社会主义现代化的荔枝生产，应该能够逐步满足广大人民的生活需要。

追求"传神"的译文
——谈《在马克思墓前的讲话》的几处翻译

《在马克思墓前的讲话》是恩格斯在 1883 年 3 月 17 日在伦敦海格特公墓安葬马克思时用英语发表的悼词。沪教版高一下语文教材收有此文中译本,中译本选自人民出版社 1972 年版的《马克思恩格斯选集》第三卷,译文是经过中共中央马克思、恩格斯、列宁、斯大林著作编译局校订过的。恩格斯此文逻辑严密、情感丰厚,一直以来为读者所推崇。对于译文而言,译出原文清晰严密的逻辑固然不容易,但是传达出悼词中字里行间深藏的情感就更加困难了。而人民出版社 1972 年版的译文在这方面可以说是可圈可点的,但是译技是无止境的,后来的研究者和翻译者也一直希望在此基础上将其更加完善。比如,较有影响力的是曹明伦先生的重译本(以下简称曹译,此文发表在《中国翻译》2010 年第三期上),曹译本对人民出版社 1972 年版的译文有多处纠错,比如将文章第四段的逻辑关系理得更为清晰、更为畅达。但是仔细琢磨曹先生的重译本,至少在传达原文的情感表达方面,曹译的很多改动多不如人民出版社 1972 年版的译文。

图 3-8-1 《马克思恩格斯选集》书影(人民出版社 1972 年版)

可先以蕴藏着恩格斯沉痛心情的第一段为例,略作分析。兹录恩格斯英文原文、人民出版社 1972 年版译文和曹译本,以便比较。

英文原文：**On the 14th of March, at a quarter to three in the afternoon, the greatest living thinker ceased to think. He had been left alone for scarcely two minutes, and when we came back we found him in his armchair, peacefully gone to sleep — but forever.**

人民出版社版：3 月 14 日下午两点三刻，当代最伟大的思想家停止思想了。让他一个人留在房里还不到两分钟，等我们再进去的时候，便发现他在安乐椅上安静地睡着了——但已经是永远地睡着了。

曹译本：3 月 14 日下午 2 点 45 分，当代最伟大的思想家停止了思想。让他单独留在屋里只有两分钟，可当我们再次进屋时，发现他已在扶手椅上安然入睡——但却长眠不醒了。

比较这三段文字，我们发现，两种译文基本忠实无误地传达出了原文的意思。但是，在传达原文中恩格斯深沉的悲悼之情上，人民出版社的译本显然更能传原文之神。这两段译文不同之处，大抵而言共有三处：

第一处是第一句。人民出版社的译本为"当代最伟大的思想家停止思想了"，曹译本为"当代最伟大的思想家停止了思想"。看上去只是句中"了"的位置不同，但仔细品味，情感表达的效果也产生了差异。曹译本中的"了"字在句中，是个动态助词，只是陈述了马克思去世的事实，表明一种完成的状态。而人民出版社译本中将"了"字置于句末，就变成了语气助词，既陈述了马克思已然去世的事实，又将恩格斯那种悲痛的心情寄寓其中了。当然，从"形"的角度来看，曹译更忠实原文，因为英文原文此句的结尾处并没有语气词；但从全句的措辞来看，恩格斯的悲痛之情溢于言表，因而人民出版社译文将"了"字放在句末，充分利用了汉语表达的优势，可以说做到了"形神兼备"。

第二处不一致的地方是第二句的前半部分。人民出版社的译文是"让他一个人留在房里还不到两分钟,等我们再进去的时候";曹译本为"让他单独留在屋里只有两分钟,可当我们再次进屋时"。这两种译文在意思上几乎没有区别,区别还是在感情表达上。首先,曹译本的用词比如"单独""只有""时"相对人民出版社的词简洁一些,也显得书面化一点。其实,从悼词的性质来看,译得稍微口语化一些反而显得更为真实。更为重要的是,人民出版社的译文用"一个人""还不到""的时候"等词,使得句子显得更为绵长,也使得句子的节奏更为沉缓。这和原文缓慢而沉痛的韵味恰恰是更为合拍的。

第三处不同是第二句的后半句。人民出版社的译文是"便发现他在安乐椅上安静地睡着了——但已经是永远地睡着了",而曹译本是"发现他已在扶手椅上安然入睡——但却长眠不醒了"。这里的一个不同是对"**armchair**"的翻译。"扶手椅"的译文更为中性。而"安乐椅"的译文就带有感情了,它和后文的"安静地睡着了",两个"安"字用了修辞上"拈连"的手法,突出了马克思去世时平和的状态,这既是对在场的听众的告慰,也凸显了马克思对疾病苦痛的一种超越,这和他对待敌人的嫉恨和污蔑的态度——"毫不在意,把他们当作蛛丝一样轻轻抹去"——是一致的。另一个不同是曹译用了两个四字短语"安然入睡"和"长眠不醒"。其实此处用四字短语效果并不好,首先是句式短了,节奏就不如人民出版社的译文缓慢,深沉而悲痛的情感表达就不充分。更重要的是,"长眠不醒"强调的是"不醒",是死亡;而"永远地睡着了"的语义中心还是"睡着了"。恩格斯本来用"**gone to sleep**"就是委婉的讳饰之辞,不忍心直接说出"死亡"二字,幻想马克思有再醒之日,其中寄托了浓重的悲痛意味。而"长眠不醒"显然就戳破了这层幻想,和恩格斯的情感表达不甚相符了;因而用"永远地睡着了"的译文似乎更为妥当。

因而,在这段的译文中,人民出版社1972年的版本和曹译本看上去意思差不多,但是细微的字词变化却带来了不一样的情感表达。

可以情感表达较为浓厚的第二段为例,再作些分析。为了便于分析,也抄录恩格斯英文原文、人民出版社1972年版译文和曹译本于下。

英文原文：**An immeasurable loss has been sustained both by the militant proletariat of Europe and America, and by historical science, in the death of this man. The gap that has been left by the departure of this mighty spirit will soon enough make itself felt.**

人民出版社版：这个人的逝世，对于欧美战斗着的无产阶级，对于历史科学，都是不可估量的损失。这位巨人逝世以后所形成的空白，不久就会使人感觉到。

曹译本：这位伟人的去世使富于战斗精神的欧美无产阶级和历史科学研究都蒙受了不可估量的损失。人们很快就会感觉到因他的去世而留下的空白。

比较这两段译文，给人最大的感受是，曹译本更为通畅，似乎更符合现代汉语语法的表达。比如此段第一句，人民出版社 1972 年版用 3 个逗号隔开 4 个短语构成一个句子，而曹译本用的是一个没有明显停顿的长句。此段的第二句，人民出版社 1972 年版用的是一个变式句，而曹译本用的是一个常式句。但是恰恰是这种通畅，使得原文中的强调意味减弱了，原文中蕴含的情感变淡了。从原文来看，文中将"**by the militant proletariat of Europe and America, and by historical science**"（欧美战斗着的无产阶级和历史科学）放在动词"**sustained**"后面本就有强化的意味。而第二句中原文将"**gap**"置于句首，更是想要强调"空白"一词，强化马克思去世带来的巨大损失。因而，人民出版社 1972 年版的译文用独立成句的形式突出了"欧美战斗着的无产阶级和历史科学"，用倒装句的形式突出了"空白"一词，是更符合原文的精神，也更能传达出恩格斯对马克思的高度推崇之情和对马克思去世的悲痛之心。另外此段中，对于马克思的称呼也值得注意。原文中第一句用的是"**this man**"，第二句用的是"**this mighty spirit**"。人民出版社 1972 年版的译文比较忠实地分别译为"这个人"和"这位巨人"；而曹译本却倒过来，将前句的称呼译为"这位伟人"，后句的称呼译为

"他"。恩格斯的原文其实还是在形成一种反差,强化情感的表达。"这个人"和"欧美战斗着的无产阶级和历史科学"之间反差使得马克思的地位得到了表达上的强化;"这位巨人"和"空白"之间的张力,使得后句中"不久"得到了落实和呼应。因而,曹译本的倒置是不合适的。

总而言之,在这只有短短两句话的译文中,曹译改变了称呼用词,改换了句式,看上去是更为顺畅的表达,却失去了原文中深沉的情感韵味。

当然,以此眼光再来考察本文中情感表达最为直接、最为浓厚的最后一段,我们发现人民出版社 1972 年版的译文也存在着减弱原文情感的不足。

最后一段英文原文为:**His name will endure through the ages, and so also will his work**!
人民出版社版:他的英名和事业将永垂不朽!
曹译本:他的英名将永垂不朽! 他的事业将永载史册!

比较而言,曹译本在情感表达上更尊重原文。原文中"英名"和"事业"分说,显然也是强调之意;将"事业"置于最后,更有突出马克思为人类所作的贡献之意。同时分作两句来译,用更短的句式来表达赞颂,也显得更为铿锵有力,更为振奋人心!

由此可见,译文不仅要原汁原味地表达出作者原文的意思,更要传达出作者原文中潜藏着的情感。这样的译文才是传原文之神,而不仅是译原文之形。当然,一篇传神的译文,也许不是仅凭一人之力就可以定型的,甚至可能要经历几代人的推敲琢磨。而换一角度来看,读恩格斯这篇逻辑严密、情感丰厚的悼词之时,我们也不妨比较揣摩原文和各种不同版本的译文,也许恰在比较之中,我们读出了恩格斯深藏着的情感。

【附】

在马克思墓前的讲话

恩格斯

3月14日下午两点三刻，当代最伟大的思想家停止思想了。让他一个人留在房里还不到两分钟，等我们再进去的时候，便发现他在安乐椅上安静地睡着了——但已经永远地睡着了。

这个人的逝世，对于欧美战斗着的无产阶级，对于历史科学，都是不可估量的损失。这位巨人逝世以后所形成的空白，不久就会使人感觉到。

正像达尔文发现有机界的发展规律一样，马克思发现了人类历史的发展规律，即历来为繁芜丛杂的意识形态所掩盖着的一个简单事实：人们首先必须吃、喝、住、穿，然后才能从事政治、科学、艺术、宗教等等；所以，直接的物质的生活资料的生产，从而一个民族或一个时代的一定的经济发展阶段，便构成基础，人们的国家制度、法的观点、艺术以至宗教观念，就是从这个基础上发展起来的，因而，也必须由这个基础来解释，而不是像过去那样做得相反。

图 3-8-2　马克思墓

不仅如此。马克思还发现了现代资本主义生产方式和它所产生的资产阶级社会的特殊的运动规律。由于剩余价值的发现,这里就豁然开朗了,而先前无论资产阶级经济学家或者社会主义批评家所做的一切研究都只是在黑暗中摸索。

一生中能有这样两个发现,该是很够了。即使只能作出一个这样的发现,也已经是幸福的了。但是马克思在他所研究的每一个领域,甚至在数学领域都有独到的发现,这样的领域是很多的,而且其中任何一个领域他都不是肤浅地研究。

他作为科学家就是这样。但是这在他身上远不是主要的。在马克思看来,科学是一种在历史上起推动作用的、革命的力量。任何一门理论科学中的每一个新发现——它的实际应用也许还根本无法预见——都使马克思感到衷心喜悦,但是当有了立即会对工业、对一般历史发展产生革命影响的发现的时候,他的喜悦就非同寻常了。例如,他曾经密切地注意电学方面各种发现的进展情况,不久以前,他还注意了马赛尔·德普勒的发现。

因为马克思首先是一个革命家。他的毕生的真正使命,就是以这种或那种方式参加推翻资本主义社会及其所建立的国家制度的事业,参加现代无产阶级的解放事业。正是他第一次使现代无产阶级意识到本身的地位和需要,意识到本身解放的条件。斗争是他的生命要素。而他进行斗争的热烈、顽强和卓有成效,是很少见的。最早的《莱茵报》(1842年),巴黎的《前进报》(1844年),《德意志—布鲁塞尔报》(1847年),《新莱茵报》(1848—1849年),《纽约每日论坛报》(1852—1861年),以及许多富有战斗性的小册子,在巴黎、布鲁塞尔和伦敦各组织中的工作,最后,作为全部活动的顶峰,创立伟大的国际工人协会,——老实说,协会的这位创始人即使没有别的什么也没有做,也可以为这一成果自豪。

正因为这样,所以马克思是当代最遭忌恨和最受诬蔑的人。各国政府——无论专制政府或共和政府,都驱逐他;资产者——无论保守派或极端民主派,都竞相诽谤他,诅咒他。他对这一切毫不在意,把它们当作蛛丝一样轻轻抹去,只是在万分必要时才给予答复。现在他逝世了，在整个欧洲和美洲，从西伯利亚矿井到加利福尼亚，千百万革命战友无不对他表示尊敬、爱戴和悼念，而我敢大胆地说：他可能有过许多敌人，但未必有一个私敌。

他的英名和事业将永垂不朽！

图3-8-3　马克思与恩格斯（高莽绘　油画）

【附】

Frederick Engels'Speech at the Grave of Karl Marx

Highgate Cemetery, London. March 17,1883

"On the 14th of March, at a quarter to three in the afternoon, the greatest living thinker ceased to think. He had been left alone for scarcely two minutes, and when we came back we found him in his armchair, peacefully gone to sleep-but forever.

"An immeasurable loss has been sustained both by the militant proletariat of Europe and America, and by historical science, in the death of this man. The gap that has been left by the departure of this mighty spirit will soon enough make itself felt.

"Just as Darwin discovered the law of development of organic nature, so Marx discovered the law of development of human history: the simple fact, hitherto concealed by an overgrowth of ideology, that mankind must first of all eat, drink, have shelter and clothing, before it can pursue politics, science, art, religion, etc.; that therefore the production of the immediate material means of subsistence and consequently the degree of economic development attained by a given people or during a given epoch form the foundation upon which the state institutions, the legal conceptions, art, and even the ideas on religion, of the people concerned have been evolved, and in the light of which they must, therefore, be explained, instead of vice versa, as had hitherto been the case.

"But that is not all. Marx also discovered the special law of motion governing the present-day capitalist mode of production and the bourgeois society that this mode of production has created. The discovery of surplus value suddenly threw light on the problem, in trying to solve which all previous investigations, of both bourgeois economists and socialist critics, had been groping in the dark.

"Two such discoveries would be enough for one lifetime. Happy the man to whom it is granted to make even one such discovery. But in every single field which Marx investigated — and he investigated very many fields, none of them superficially — in every field, even in that of mathematics, he made independent discoveries.

"Such was the man of science. But this was not even half the man. Science was for Marx a historically dynamic, revolutionary force. However great the joy with which he welcomed a new discovery in some theoretical science whose practical application perhaps it was as yet quite impossible to envisage, he experienced quite another kind of joy when the discovery involved immediate revolutionary changes in industry and in historical development in general. For example, he followed closely the development of the discoveries made in the field of electricity and recently those of Marcel Deprez.

"For Marx was before all else a revolutionist. His real mission in life was to contribute, in one way or another, to the overthrow of capitalist society and of the state institutions which it had brought into being, to contribute to the liberation of the modern proletariat, which he was the first to make conscious of its own position and its needs, conscious of the conditions of its emancipation. Fighting was his element. And he fought with a passion, a tenacity and a success such as few could rival. His work on the first Rheinische Zeitung (1842) , the Paris Vorwarts! (1844) , Brusseler Deutsche Zeitung (1847) , the Neue Rheinische Zeitung (1848—1849) , the New York Tribune (1852—1861), and in addition to these a host of militant pamphlets, work in organisations in Paris, Brussels and London, and finally, crowning all, the formation of the great International Working Men's Association — this was indeed an achievement of which its founder might well have been proud even if he had done nothing else.

" And, consequently, Marx was the best-hated and most calumniated man of his time. Governments, both absolutist and republican, deported him from their territories. Bourgeois, whether conservative or ultra-democratic, vied with one another in heaping slanders upon him. All this he brushed aside as though it were cobweb, ignoring it, answering only when extreme necessity compelled him. And he died beloved, revered and mourned by millions of revolutionary fellow-workers — from the mines of Siberia to California, in all parts of Europe and America — and I make bold to say that though he may have had many opponents he had hardly one personal enemy.

"His name will endure through the ages, and so also will his work!"

一句拉丁文背后的故事

——《世间最美的坟墓》中一处译文的考释

华东师范大学出版社 2008 年版高中语文教材三年级第一学期收有茨威格的《世间最美的坟墓》一文。该文选自《当代世界名家散文》（上海教育出版社 1991 年版），译者为张厚仁先生。该文是高中语文教材中为数不多的外国散文名篇之一，记叙了茨威格在 1928 年的一次俄国旅行中拜谒托尔斯泰墓，他被托尔斯泰墓的朴素所震撼，以至说"他的坟墓成了世间最美的、给人印象最深刻的、最感人的坟墓"。

在描述托尔斯泰墓的朴素之时，作者引用了一句拉丁文。在张厚仁先生的译文中也保留了这句拉丁文"**nulla crux，nulla coroma**"。教材下的注释为"没有十字架，没有墓碑"。文章中这句拉丁文的后面，作者也紧接着描述托尔斯泰墓"没有十字架，没有墓碑，没有墓志铭，连托尔斯泰这个名字也没有"。考虑到茨威格是奥地利作家，以德文为写作语言，那么文章中此处的文字应该可以说是"异文反复"，也就是说，同样的语义，作者用不同的语种，德文和拉丁文，来反复表达。一般说来，这自然是通过"反复"与"不一样的文字形式"来吸引读者的关注，强化托尔斯泰墓的简朴，突出托尔斯泰彻底平民化的人生追求和精神境界，隐藏着作者对托尔斯泰人格的崇敬之情。当然，拉丁文的表述，也给人以庄重典雅的感受，这和作者描述托尔斯泰墓的庄重肃穆也是相契合的。因为拉丁文虽然被认为是死了的语言，但是仍然被罗马天主教派采用为会议正式语言和礼拜仪式用语，在世俗社会中也常出现在一些典雅肃穆的场合。因而，这句拉丁文的引用倒是颇有意味的。

但是，细查牛津的克莱登出版社（**Oxford At The Clarendon**

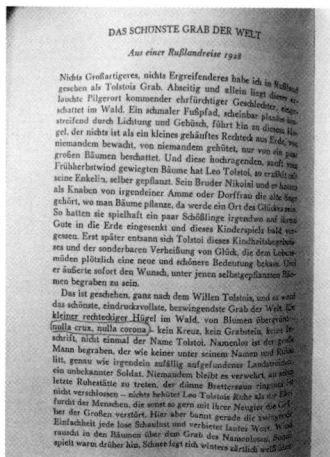

图3-9-1 《与人物、书籍、城市的邂逅》一书中《世间最美的坟墓》书影（1956年德文版）

Press）1968年版的《牛津拉丁文词典》（"Oxford latin dictionary"），发现拉丁文中并无"coroma"一词。反过来，教材注释中所说的"墓碑"对应的拉丁文也不是"coroma"，而是"monumentum"。这就不免让人生疑了。查阅华师大版教材的选文出处——上海教育出版社1991年版的《当代世界名家散文》，以及该译文最早的出处《名作欣赏》1983年第5期，此处都写着"coroma"，而且下面都有译者张厚仁先生对这句拉丁文的注释"没有十字架，没有墓志铭"。这样看来，这就不是教材编者的失误或者后期排版过程中产生的讹误了。于是，翻查资料，得知此文的德语原文收在茨威格的"BEGEGNUNGEN MIT MENSCHEN BÜCHERN STÄDTEN"（《与人物、书籍、城市的邂逅》）一书中。几经辗转，收得德国S.FISCHER VERLAG（菲舍尔出版社）1956年版的《与人物、书籍、城市的邂逅》一书。此书中确实收有《世间最美的坟墓》一文，题为"DAS SCHÖNSTE GRAB DER WELT——Aus einer Rußlandreise 1928"，而此处的拉丁文却赫然写着"nulla crux，nulla corona"。显然，"coroma"就应是"corona"的讹误了。

查阅上述的《牛津拉丁文词典》，"corona"意为"皇冠"（该辞典中，关于"corona"的注释为：A wreath of flowers，etc.，sts. of precious metals，a garland or crown.）。"nulla crux，nulla corona"整句的汉译当为"没有十字架，没有皇冠"。那么，这句拉丁文就不是译者的注释"没有十字架，没有墓碑"的意思了，固然有反复的修辞，但也不能做简单的"反复强调"来理解了。

据德国哲学家恩斯特·布洛赫（**Ernst Bloch**, 1885—1977）的《基督教中的无神论》（"**Atheism in Christianity：the religion of the Exodus and the Kingdom**", **Herder & Herder：New York** 1972, **pp.** 272—273）中记载，"**nulla crux, nulla corona**"是刻在德国著名农民起义领导者弗洛里安·盖依（**Florian Geyer**）剑上的铭文。弗洛里

图 3 - 9 - 2　弗洛里安·盖依

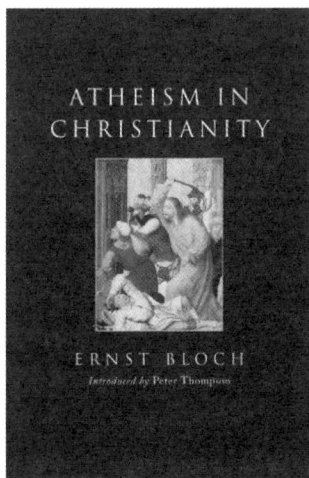

安·盖依,是德国南部法兰哥尼亚公国（**Franconian**）的一名骑士,在天主教改革时期支持基督新教的创始人马丁·路德（**Martin Luther**）。后来他在 1522 年到 1525 年之间领导了一场声势浩大的德国农民起义,反对传统教权,反对贵族,为农民争取权益,成为德国人心中的民间英雄。他佩剑上的铭文"没有十字架,没有皇冠"（**nulla crux, nulla corona**）正反映了他对教权与皇权的反动,对平民利益的关注。

图 3 - 9 - 3　英文版《基督教中的无神论》书影

而托尔斯泰也正是对东正教勾结残暴的沙皇,宣扬森严的等级制度,背离基督教的原始精神极为不满。他无情地批判当时的沙皇政府,因而他的很多书被定为禁书。但是,因为他的名气太大,以至于残暴成性的沙皇也拿他没办法。对此,沙皇的御用文人苏沃林在日记里感叹:"我们有两个皇帝,尼古拉二世和列夫·托尔斯泰。他们两个中间谁更有力呢? 尼古拉二世拿托尔斯泰毫无办法,不能动摇他的宝座一下,而托尔斯泰,毫无疑问,却正在动摇尼古拉的宝座和他的王朝。"（匡兴《托

尔斯泰和他的创作》,北京出版社 1982 年版,第 2 页)他晚年彻底与教会决裂,写下了长篇小说《复活》来激烈批评教会的虚伪。1901 年,他被东正教正式逐出教会,一百年之后的 2001 年,保守的东正教再次确认了这次驱逐。当然,托尔斯泰不会在意这样驱逐。他正渴望摆脱自己的贵族阶层和身随的巨大财富,就像晚年的他打算将自己的庄园和土地分给农民,将自己的作品版权奉献给社会,劝说自己的亲人放弃财产。他所追求的就是彻底的平民化,成为"偶尔被发现的流浪汉,不为人知的士兵"那样的人。因而,这句拉丁文"没有十字架,没有皇冠"(**nulla crux,nulla corona**)也正是托尔斯泰生平反教会反皇权、追求平民化的写照。

图 3-9-4　托尔斯泰(俄·列宾绘油画)

由此看来,茨威格引用此句铭文,表面上再一次强化了托尔斯泰墓的简陋朴素,实际上以弗洛里安·盖依与托尔斯泰相比,暗示托尔斯泰正是与弗洛里安·盖依一样的心怀民众、反对暴政的民族英雄。有了这样的暗示,我们也能更加容易体会作者说托尔斯泰的墓成了"世间最美的、给人印象最深刻的、最感人的坟墓"了。因而,这句简单的拉丁文就起到了"一箭多雕"的表达效果。若放过这句拉丁文的出典,只是对它的用意做"反复强调"的理解,不免就失之过浅了。

这处引语颇不起眼,在平时的教学中也容易被忽视,但是这又确实关乎对托尔斯泰人格的领悟、关乎对茨威格情感的体会、关乎对全文主旨的理解。因此,我们不妨就做些寻章雕虫的工作。

【附】

世间最美的坟墓

——记 1928 年的一次俄国旅行

【奥地利】茨威格

我在俄国所见到的景物再没有比托尔斯泰墓更宏伟、更感人的了。这将被后代永远怀着敬畏之情朝拜的庄严圣地,远离尘嚣,孤零零地躺在林荫里。顺着一条羊肠小路信步走去,穿过林间空地和灌木丛,便到了墓冢前。这只是一个长方形的土堆而已,无人守护,无人管理,只有几株大树荫庇。他的外孙女跟我讲,这些高大挺拔、在初秋的风中微微摇动的树木是托尔斯泰亲手栽种的。小的时候,他的哥哥尼古莱和他曾听保姆或村妇讲过一个古老传说,提到亲手种树的地方会变成幸福的所在。于是他俩就在自己庄园的某块地上栽了几株树苗,这个儿童游戏不久也就忘了。托尔斯泰晚年才想起这桩儿时往事和关于幸福的奇妙许诺,饱经忧患的老人突然从中获得了一个新的、更美好的启示,他表示愿意将来埋骨于那些亲手栽种的树木之下。

图 3-9-5　托尔斯泰墓

后事就这样办了，完全按照托尔斯泰的愿望：他的坟墓成了世间最美的、给人印象最深刻的、最感人的坟墓。它只是树林中的一个小小长方形土丘，上面开满鲜花——**nulla crux, nulla coroma**——没有十字架，没有墓碑，没有墓志铭，连托尔斯泰这个名字也没有。这个比谁都感到受自己的声名所累的伟人，就像偶尔被发现的流浪汉、不为人知的士兵一般不留名姓地被人埋葬了。谁都可以踏进他最后的安息地，围在四周的稀疏的木栅栏是不关闭的——保护列夫·托尔斯泰得以安息的没有任何别的东西，唯有人们的敬意；而通常，人们却总是怀着好奇，去破坏伟人墓地的宁静。这里，逼人的朴素禁锢住任何一种观赏的闲情，并且不容许你大声说话。夏天，风儿在俯临这座无名者之墓的树木之间飒飒响着，和暖的阳光在坟头嬉戏；冬天，白雪温柔地覆盖这片幽暗的土地。无论你在夏天还是冬天经过这儿，你都想象不到，这个小小的、隆起的长方形包容着当代最伟大的人物当中的一个。然而，恰恰是不留姓名，比所有挖空心思置办的大理石和奢华装饰更扣人心弦：在今天这个特殊的日子里，成百上千到他的安息地来的人中间没有一个有勇气，哪怕仅仅从这幽暗的土丘上摘下一朵花留作纪念。人们重新感到，这个世界上再也没有比这最后留下的、纪念碑式的朴素更打动人心的了。残废者大教堂大理石穹隆底下拿破仑的墓穴，魏玛公侯之墓中歌德的灵寝，西敏司寺里莎士比亚的石棺，看上去都不像树林中的这个只有风儿低吟，甚至全无人语声，庄严肃穆，感人至深的无名墓冢那样能剧烈震撼每一个人内心深藏着的感情。

余　论
文本解读的课堂转化

　　基于学生疑问的文本解读,最终是要落实到课堂教学之中的。因而,文本解读的呈现不是简单的答疑解惑,不是单向的知识灌输,而是要在课堂中引导学生自我探究、自我发现,进而解决自己的疑惑。当然,这里的文本解读所涉及的学生疑问,并不是某个个体的疑问,而是较为普遍的困惑;也不是涉及某个细节的疑点,而是关乎文本核心价值的问题。如果这样的问题落实到课堂教学中去,是可以化为整堂课的核心问题的。

　　那么,如何将教师的文本解读化为教学行为,成为学生自我发现的过程呢? 或者说,教师如何引导学生解决教师提炼出来的核心问题呢? 下位问题的设计,进而课堂问题链的形成就至关重要。核心问题的解决不可能一步到位,必然要化成一个个下位的问题。一堂课有几个逻辑清晰的下位问题,学生的阅读之路就有了可以拾级而上的步步台阶。例如,教学茨威格的《世间最美的坟墓——记1928年的一次俄国旅行》一文时,学生最大的困惑就是"最美"的内涵,结合本文的教学目标,我将本堂课的核心问题设计为:如此"朴素"的墓为什么引发茨威格如此强烈的情感? 而围绕着这个核心问题,我设计了以下两个下位问题:①"朴素"在文字上有哪些具体表现? ②茨威格强烈的情感是如何表达的? 再比如,教学杜甫的《月夜》时,结合学生的困惑而提出的质疑问题,以及本课的教学目标,我将核心问题设计为:为什么《月夜》中的"妻子"形象与同时期诗中的"妻子"形象差异巨大? 围绕这个核心问题的下位问题是:①《月夜》中描绘了一个怎样的妻子形象? ②杜甫同期诗歌中"妻子"形象是怎样的? ③哪个形象更接近生活中真实的杜甫妻子的形象? ④为什么杜甫想象的妻子形象与真实形象有如此巨大的差异? 教师通过这些下位问题,铺设一级级台阶,引导学生挖掘语言背后的信息,思考文本深处的逻辑,而核心问题自然能迎刃而解了。

那么,这样的下位问题又是如何形成的呢? 以我的教学实践来看,以下两点值得关注:

第一,问题之间的自然逻辑。要解决核心问题,必然要解决某个下位问题;要解决此下位问题,必然要解决彼下位问题。问题之间须环环相扣,步步为营。看上去是问题之间的天然逻辑,其实遵循着的是学生的认知逻辑。这些问题必然是引导学生从关注文本的显性信息到挖掘文本背后的隐性信息,逐步走向文本的内核。比如上述的《月夜》一课,下位问题①和②是关注引导学生关注显性信息,只有了解了本诗中和同时期杜甫诗中的"妻子"形象的特点,才会察觉到本诗中隐性信息的存在,"诗中杜甫妻子的形象和真实的妻子形象差别很大",这也就是问题③的指向。有了以上的问题铺垫后,问题④(为什么杜甫想象的妻子形象与真实形象有如此巨大的差异)的提出就顺理成章了,就能逼迫学生思考杜甫这么写背后的原因了。由此来看,这四个问题可以说有着天然的逻辑,而这逻辑的背后是学生的认知规律。

第二,文本内部的深层逻辑。一篇文章的创作,总是作者用他的个性的语言来表达他对事物或现象的认识。读者抓住文本的语言形式,探寻文本内的逻辑,就能顺利地抓住文章的核心。因而,我们设置下位问题,就是帮助学生发掘文本逻辑,进而依据文内逻辑解决核心问题。从文本解读的课堂转化而言,就是教师将解读文本的过程,挖掘文本深层逻辑的经历,用下位问题的形式展现出来,让学生自己经历这个阅读路径。比如上文提到的《世间最美的坟墓》一课中两个下位问题的设置就是引导学生挖掘出文本深处的逻辑,经历教师的文本解读过程。

　　细而言之,《世间最美的坟墓——记 1928 年的一次俄国旅行》一文中有四处对托尔斯泰墓的描写:第一段中"一个长方形的土堆"、第二段中"一个小小的长方形土丘""这个小小的隆起的长方形""无名墓冢"。这四处对托尔斯泰墓的描写在不断变化着:"长方形的土堆"变成了"小小的长方形土丘",加了"小小的"这一修饰语;接着,"小小的长方形土丘"又变成了"小小的隆起的长方形";最后,一切描述和修饰都没有了,变成了"无名墓冢"。在第一个下位问题的引导下,学生关注到了这些信息。学生通过涵泳、讨论,指出托尔斯泰墓由"长方体"变成"长方形",只剩下单薄的线条,最后"无名墓冢"连线条都没有了,作者一步步把托尔斯泰墓写得简单得不能再简单,朴素得不能再朴素。

　　但是,只是孤零零地关注到这个语言上的特点,孤立地看托尔斯泰墓的简朴,这还没有深入到文本内在的逻辑。于是第二个下位问题顺势提出:茨威格强烈的情感是如何表达的? 学生发现作者对托尔斯泰墓描写的不断简化中,赞叹的语气也在逐步强化,形成了一种很有意思的"反向运动"。比如,写到托尔斯泰墓是"小小长方形土丘"的时候,作者用的是"伟人";描述托尔斯泰墓是"小小的、隆起的长方形"的时候,作者用的是"当代最伟大的人物当中之一";最后写到"无名墓冢"的时候,作者说拿破仑、歌德、莎士比亚这些最伟大的人物的墓都比不上托尔斯泰墓那样感人。作者有意识地在这两者之间建立一种内在的联系,形成一种巨大的反差。

　　而这两个下位问题就是引导学生关注这种逻辑联系:作者为什么

这么写? 他想通过这种巨大的反差告诉我们什么? 托尔斯泰完全应该像拿破仑等伟人那样享受壮观的陵寝,但"受声名所累"的托尔斯泰拒绝了,他"不留名姓地被人埋葬了"。在这种主动选择中,托尔斯泰的人格力量自然而然就凸显出来了。再联系第一段中"幸福的启示",托尔斯泰真纯的人生境界就更让人动容了。那么,核心问题"如此'朴素'的墓为什么引发茨威格如此强烈的情感"也就得到了部分的解决。

在这个案例中,核心问题的解决需要学生挖掘出文本深处的信息,而两个下位问题的设置是循着文本隐藏着的逻辑,帮助学生去思考显性文字背后的内涵。而文本逻辑思路的把握,恰恰也是教师文本解读的关键。因此,两个下位问题的设计就是引导学生体验教师文本解读的经历。

由此可见,课堂教学思路的形成,核心问题的分化解决,正是文本内部的深层逻辑和学生的认知规律共同凝合而成的。也可以说,核心问题和下位问题的确立和实施,正是完成教师的文本解读转化为课堂行为的关键因素。

当然,课堂教学是永远变化着的艺术,课堂的路径也不可能如此简单预设。学生沉浸文本、探寻文本逻辑的过程中,总会碰到超越他的经验与认知的障碍,不能直达核心问题、下位问题的解决。于是课堂中又会临时生成一些新的疑问。这些疑问因人而异,往往枝蔓而琐碎,和文本解读的方向不甚一致,甚至背道而驰,影响课堂的走向。但是这些临时兴发的质疑和本堂课的核心问题常常又有着或明或暗的联系。教师要善于抓住这些反馈,引导到核心问题的解决之中。比如教学萧红的《回忆鲁迅先生》,有一位学生在课堂中忽然提问:文中的许先生是谁? 这是个知识性问题,当然很容易答复。而且,这个问题看上去和本堂课核心解决的问题(为什么这篇看上去散漫的文章能成为文学史上的经典)也没有多大关系。但是,如果引导学生注意"许先生"这个称谓中的情感以及萧红在文中表现出的对"许先生"和鲁迅先生的情感,进而联系当时许广平对萧红的态度,不难发现这之间存在着情感的错位。而这情感的错位恰恰体现了萧红内心世界的纯净以及对情感的渴望。就这样,一个看似无关的知识性的疑问,就在教师的引导中触及课堂的核心问题了。再比如学生阅读《世间最美的坟墓——记1928年的一次俄国旅行》时,对文中一个细节颇为困惑,文章第二段第一句后为什么会使用冒号。冒号的作用主要是解释说明;此处使用冒号,"世间最美的、给人印象最深刻的、最感人的坟墓"便成了托尔斯泰主观追求的愿望了。这似乎和本文的意图不合。这个细节正是对学生已有的经验的冲击。教师顺势引发对这个标点使用的探讨。学生慢慢体悟到:托尔斯泰对墓的设计,不是简单的出于"节俭"考虑,也不只是"淡泊名利";而是源于自己的"幸福观",希望不为"自己的声名所累",彻底的平民化。因而,这个疑问的处理,让学生体悟到托尔斯泰伟大的人格,对核心问题的解决也极有帮助。

　　总而言之,基于学生疑问的文本解读不能只停留在纸面上,必然是要转化成具体的教学行为的,这样才能对指导学生的阅读产生意义。当然,在这个转化的过程中,未必所有的课堂都是以一个核心问题来带动整个课堂的,很多时候也可能是两三个甚至是多个主要问题的驱动。但不管是哪种方式,若我们教师想要成功引领着学生在课堂中自我探究、自我发现、自我解惑,那么教师针对学生困惑的文本解读又是极为关键的。因而,最终判定文本解读有效性的法官,还应是学生!

困教录之由来

（跋）

微信公众号近来风行,似乎人人都在玩公众号,在潮流的裹挟之下,我也不能免俗,开了一个名为"困教录"的公众号。本意为以此公众号为契机整理一下几年来教学上的一些思考,虽曰思考,其实仍是困惑,困于教也,故名之"困教录"。写了几篇之后,也得到了一些朋友的谬赞,但是性格中"浅尝辄止"的毛病还是犯了,公众号主动地无限期地停发了,也可美其名曰"乘兴而来,兴尽而归"。不过,庆幸的是,文章的整理工作倒是没有停止,现在合起来看,倒也像模像样了。

公众号开设之初,有一位朋友用沪语调笑:"你这是'困教录'啊,我还以为是'困觉录'呢?"沪语中"困觉"为"睡觉"之意。这位朋友的调笑之中揭示出一个残酷的现实:我们很多的语文课提不起学生的兴趣,是让学生犯困的"困觉课"。我想我的一些语文课也应是名副其实的"困觉课"。当然,说"一些"语文课,已经足以显示出我的自信了。为了让这样的"困觉课"越来越少,为了让自己越来越自信,我不得不努力研究学生的兴趣点、困惑点,希望能真正地"传道受业解惑"。于是,一篇篇"豆腐干"就这样产生了。至于"豆腐干"的味道是不是诱人,我现在也无暇顾及,但是跟学生一起磨豆子、做豆干的过程倒是让人觉得兴味无穷。

公众号停发之后,另一位朋友发来微信:"你的'困教录'呢?"面对朋友"虎头蛇尾"的质疑,我强词争辩:"好戏在后头呢!"不想现在这些教学上的思考竟能成书出版,不知算不算"好戏"? 若能担得起这样的美名的话,照例的感谢还是不能免俗的。感谢浙江广播电视大学原校长、浙江省老干部书法家协会主席张金山教授为本书赐序并题写书名,感谢上海中学冯志刚校长的鼓励和其他同仁们的支持,感谢上海市教委教研室范飚老师赐序、指导和其他朋友们的帮助。当然,最要感谢的是我的家人,特别是我的母亲和妻子,她们妇姑和谐,照顾幼子、料理家务,让我在教学之余能腾出时间写点小"豆腐干"。希望这些"小豆腐干",能让"困教录"不至于成为"困觉录"!

樊新强

2018 年 3 月 11 日写于沪上

图书在版编目（CIP）数据

困教录：学情视野下的名篇细读 / 樊新强编著. --上海：上海教育出版社, 2018.8
ISBN 978-7-5444-8706-1

Ⅰ.①困… Ⅱ.①樊… Ⅲ.①中学语文课－高中－教学参考资料
Ⅳ.①G633.303

中国版本图书馆CIP数据核字(2018)第186311号

责任编辑　方鸿辉
封面设计　金一哲

困教录：学情视野下的名篇细读
樊新强　编著

出版发行　上海教育出版社有限公司
官　　网　www.seph.com.cn
地　　址　上海市永福路123号
邮　　编　200031
印　　刷　上海盛通时代印刷有限公司印刷
开　　本　890×1240　1/32　印张7　插页4
字　　数　182千字
版　　次　2018年8月第1版
印　　次　2018年8月第1次印刷
书　　号　ISBN 978-7-5444-8706-1/G·7211
定　　价　40.00元

如发现质量问题，读者可向本社调换　电话：021-64377165